道德经

译解

郭吉飞　章皖　著

华东师范大学出版社

目录

编辑的话

在中国古代哲学著作中,老子《道德经》篇幅最短,思想却最为深邃,也最具逻辑性、系统性,可谓东方哲学之巅峰,至今难以超越。它行文简洁,善用譬喻,看似简单的文句却蕴藏着极其丰富的内涵。也许是《道德经》太博大精深了,故为《道德经》作注者,千载不绝,均自谓探骊得珠,而孰是孰非,又往往仁者见仁,智者见智。

章皖先生早岁毕业于复旦大学新闻系,后转习陶朱术,开出一片天地;因其自幼酷爱中国传统文化,经商之余,常研读经典,吟诗品画。平生于道家典籍用力尤深,且多有契悟。每遇嘉宾满座,辄喜把酒论道,纵谈古今,堪称高士雅人。

郭吉飞女史出身书香门第,自幼填词作诗,意境弘远。家学渊源,于经史子集,无不观览,尤喜道家学说。自幼修习于黉门之外,沉潜于经文之中,覃思精研,见解之深湛高妙,远迈时流。曾于山西省财经大学人文大讲堂开设《道德经》系列讲座,虽年少而言窈,颇得好评。

两人经历不同,却均因某种机缘而爱上了《道德经》,并从爱好到痴迷,从痴迷到研究寻味,从研究寻味到立志诠释,历经十余载,数易其稿,终于完成了这部《道德经译解》。他俩阐说

《道德经》,并非仅止于解释其文句意义,而更力图挖掘文句背后的哲学思想,与从文字到文字的学究式释读迥然有别。因他们的思想较少受到其他注家的束缚,故常能单刀直入地抉出《道德经》之真髓。这恐怕是寻章摘句的译家学者们所无法达到的一种境界。

《道德经》言简而意赅,直译往往难以尽显经文本意,故本书作者辅之以解析,即采用直译与解析相结合的方式,庶几可以最大限度地揭示老子的深刻思想内涵,故书名"道德经译解"。

"译解"中揭示了道的两个特质:顺应自然和协作共生。前者人人皆知,而后者却鲜有人道及,实乃缺憾,本书作者首次作了全面阐释。长久以来,人们对《道德经》的理解多数只看到了其中所讲的对立观,以为《道德经》的思想是不求进取的无为,使得人们陷入一种无穷对立的思维逻辑,却不曾看到其中协作共生的整体思维,其实是一套积极的、通向美好完善的、包含方法论的、立体的辩证哲学思想。

时至当下,习近平先生提出的"构建人类命运共同体"的构想已写入联合国决议,"合作共赢,多元整体"的思想已渐成国际共识。这些主张与"协作共生"的老子思想恰好不谋而合。故而本书的价值不唯止于文字层面解说《道德经》,而是从中发掘出中华民族的宝贵智慧,这也是作者译解《道德经》的良苦用心所在吧。因此,阅读本书时,读者不必过分囿于文字相,毕竟遗形取神,得其精髓,才是最紧要的,所谓"超以象外,得其圜中",此之谓也。

是为引。

序

　　在我和章皖的眼里，《道德经》是立体的。通过常年对《道德经》的诵读与理解，我们看到的《道德经》，是一部有架构，有内核，有论点论据的哲学巨著。

　　《道德经》的哲学架构就是"道"与"名"。认为天地万物都大不过自然，自然无所不包，一切法则、规律都从中产生。

　　而自然又是混沌的，没有"道"与"名"一切万物的生灭变化，对我们而言毫无意义。只有有了"道"与"名"，我们才能从自然万物中看到法则、规律、界限、始终等等。

　　抽象的"道"包含了自然中一切的法则与规律，而将抽象的"道"衍生开来，我们就能够看到道路、思想、言论、方法等，于是有了君道、臣道、医道、商道、言论之道、为人之道、富足之道、穷困之道、长久之道、灭亡之道等等。

　　抽象的"名"代表着对事物的定位与称谓，而将抽象的"名"衍生开来，我们就能够看到天地、阴阳、贵贱、穷通等，于是有了大人、小人、父母、儿女、丈夫、妻子、君主、臣下、士卒、商人等等。

　　每一种"道"都代表着当下自身行为之所主，每一个"名"都代表着当下自身名位之所在，而只有认识到"道"与"名"的无常,才能展开来理解"道"与"名"精微变化的奥妙。《道德经》的思想核心就是"美"与"善","美"是个抽象概念,代表着素质优良、艺术性强、肥沃、茂盛、道德或志趣高尚等等一切美好的事物。

所以"美"抽象地代表着不同个体、不同群体以及社会整体的理想世界。每个人心里都有一个对"美"的认识,看上去人们对"美"的认识是差异性的,然而,当真正的美好展现在人们面前时,比如健康的体魄、延续的发展、美好的环境、完善的言行等,却会得到大多数人的认同。

在实现"美"所代表的理想世界的道路上,与"美"同行并存的就是"善"。

"善"从誩,从羊。本义为吉祥、美好。代表了内容完美、正确、良好、高明、品质好、擅长、处理好等等。

《道德经》中多处讲到"善",比如上善、善为道、善行、善言、善数、善闭、善结、善救人、善胜等,就是告诉人们,只有围绕着"美"并做到"善",人们才能从美好的理想世界通向完善的现实世界。在客观现实的世界中,往往事物不是有余,就是不足,常常对立而不能统一。于是《道德经》第二章通过"有无相生,难易相成,长短相形,高下相倾,音声相和,前后相随,恒也"的辩证思想,为人们提出了一个对立转化的辩证智慧。

于是《道德经》自第三章开始,就以"美"、"善"为核心,通过不同场景、不同角度对立转化的辩证论点,而产生了无为、不争、长久、上善、广大、协作、生生、安泰、知常、为雌、执契、得一、大象、下流、归朴等辩证智慧。

　　这种哲学思想并不深奥神秘，就存在于日常百姓的生活行为中，所以，无论是王道、医家、兵家、导引、内丹、武术等，都有承袭《道德经》中光明智慧之处，于是也就有了今天"千家注'老'"的缤纷局面，或许这就是华夏文明浩瀚五千年绵延不竭的力量之一吧！

郭吉飞

2018 年 3 月

第一章

道可道①，
非常道②；
名可名，
非常名。
无，名天地之始③；
有，名万物之母④。
故常无，
欲以观其妙；
常有，
欲以观其徼⑤。
此两者，
同出而异名。
同谓之玄。
玄之又玄，
众妙之门⑥。

① 道：本义为道路，《道德经》中常指万物的本原。引申为自然界的各种规律和人世间的各种法则。也用作动词，指引导、衍生。

② 常：永恒不变。

③ 名：事物的称谓。也用作动词，指称作。

④ 母：根本，根源。

⑤ 徼（jiào）：边界，范围。

⑥ 门：门径。

译　解

自然的法则,可以衍生事物运行的规律方法,而规律方法并不是一成不变的!

万物的称谓,可以区分事物特征的名位贵贱,而名位贵贱并不是一成不变的!

无,代表着事物的隐伏状态,被称为天地上下的开始;

有,代表着事物的呈现状态,被称为一切万物的本源。

所以,经常处于无的角度,想要观察认识事物的精微美好;

经常处于有的角度,想要观察认识事物的界限范围。

有和无,出自同一个主体,而代表着观察事物的不同角度,所以有着不同的称谓。

同一个主体,产生观察认识事物的两个角度,就能对事物的观察认识高远、透彻、精深,便称之为"玄"。

不断地寻求高远、透彻、精微,便是通向一切美好的途径方法。

第二章

天下皆知美之为美，
斯恶已①；
皆知善之为善，
斯不善已。
故有无相生，
难易相成，
长短相形，
高下相倾，
音声相和，
前后相随。
恒也。
是以圣人处无为之事②，
行不言之教③。
万物作焉而弗始，
生而弗有，
为而弗恃④，
功成而弗居。
夫唯弗居，

① 已：停止。
② 无为：依道而
为，不妄为。
③ 不言：不滥发
号令。
④ 恃：依靠。
⑤ 去：离开，失去。

是以不去⑤。

译　解

天下都知道美好之所以成为美好，
于是不好就会停止了；
天下都知道完善之所以成为完善，
于是不完善就会停止了。
所以一切事物在有无的对立中产生，
在难易的对立中完成，
在长短的对立中对照，
在高下的对立中倾倚，
在音声的对立中和同，
在前后的对立中随从。
事物在对立中转化，是自然恒久不变的
道理。
因此，圣人总是在对立中寻求统一，面对
事物，加以客观作为的治理，施行以身作
则的教化。
万物自然兴作而不主观治理，
育养万物而不获取，
客观作为而不倚仗，
功业完成而不占据。
只有做到不占据，
才不会失去。

第三章

不尚贤①，
使民不争；
不贵难得之货，
使民不为盗；
不见可欲②，
使民心不乱。
是以圣人之治，
虚其心③，
实其腹④；
弱其志，
强其骨；
常使民无知无欲，
使夫知者不敢为也⑤。
为无为，
则无不治矣。

① 尚：崇尚，看重。
② 可欲：使人产生欲望的事物。
③ 虚：清空。
④ 实：充实，填满。
⑤ 知：同"智"。此处作贬义，指伪诈，欺骗。

译　解

不崇尚单一领域的人才，才能使百姓在多元的社会环境中找到适合自己生存发展的道路，而不会陷入盲目的争斗；

不重视难得的货物，才能使百姓在理性的社会环境中平和稳健地生活发展，而不会谋取不正当的利益；

不只看到眼前或局部的利益，才能使百姓因为专注于大道，而不会被欲望惑乱心志。

所以，圣人对于百姓治理的方法是，开阔其胸怀，充实其内心，曲柔其志向，坚定其品质。

使百姓对于争斗尚贤、盗取货物、谋取眼前或局部利益，不去了解，也不去追求；

使对以上这些有所了解的人，也没有胆量去妄为。

能够做到客观理性地作为，也就没有什么不能治理的了。

第四章

道冲,而用之或不盈①。
渊兮②,似万物之宗③。
挫其锐④,
解其纷,
和其光,
同其尘,
湛兮⑤,似或存。
吾不知谁之子,
象帝之先⑥。

① **盈**:穷尽。
② **渊**:深邃。
③ **宗**:宗主,根本。
④ **挫**:折断。
⑤ **湛**:清澈。
⑥ **帝**:造物主。

译　解

道在事物的对抗与消长中产生,对万物
的作用似乎永远不会穷尽;
深邃,好像是一切万物的根本。
抑制事物的锋芒,
化解事物的纷杂,

协调事物的光耀，

混同事物的尘俗，

清澈而安宁，好像是存在于万物之中

一样。

我不清楚是什么生成了"道"，应该是生

成于天地万物之前吧。

第五章

天地不仁①，
以万物为刍狗②；
圣人不仁，
以百姓为刍狗。
天地之间，
其犹橐籥乎③？
虚而不屈，
动而愈出。
多言数穷，
不如守中④。

① **不仁**：无所偏爱。
② **刍狗**：用于祭祀的用草扎成的狗。
③ **橐籥**(tuó yuè)：风箱。
④ **中**：平衡点。

译　解

代表着整体的天地，不只是对万物仁德，而是对万物像刍狗一样平等无亲；代表着全局的圣人，不只是对百姓仁德，而是对百姓像刍狗一样平等无亲。

天地之间，不就像一个大风箱吗？

广大却没有缺损，动作就不断产生。

面对万物、百姓，围绕着"仁德"的观点丰富言论、探究途径，不如遵循对立转化的观点，使万物、百姓在相互的对立协作中找到化生、共生。

第 六 章

谷神不死^①，
是谓玄牝^②。
玄牝之门，
是谓天地根。
绵绵若存，
用之不勤^③。

① **谷神**：五谷之神，又称稷。
② **牝**（pìn）：原指雌性动物的生殖器官，此处比喻生化的母体。
③ **勤**：穷尽。

译　解

谷神就是稷神，代表着生命的不息，所以称之为深远的生化。

深远生化的枢机，便是天地万物产生的本源。

这种力量像丝绵一样连续不断，所发挥的功用没有穷尽。

第七章

① **长生**：长久存在。
② **后其身**：把自己放在后面。
③ **外其身**：把自己放在利益之外。
④ **私**：成就自己。

天长地久。
天地所以能长且久者，
以其不自生，
故能长生①。
是以圣人后其身而身先②，
外其身而身存③。
非以其无私邪④？
故能成其私。

译　解

天地在时间中能够存在久远。
天地之所以能够久远地存在，是因为对万物的包覆与承载，使万物能够不断地相互生化，而万物在相互生化的同时，又自然地生成天地。所以，天地才会因为对万物的生成，而使自己达到长生。

因此，圣人在作为时，将自我利益放在全
局利益之后，才能引领百姓；将自我利益
放在全局利益之外，才能留存名声。

不就是因为做到无私吗？所以才能成就
自我。

第八章

① 几(jī)：接近。
② 与：交往。
③ 尤：过失，责备。

上善若水。
水善利万物而不争，
处众人之所恶，
故几于道①。
居善地，
心善渊，
与善仁②，
言善信，
正善治，
事善能，
动善时。
夫唯不争，
故无尤③。

译　解

最无上的善，就像水一样。

水善于利泽万物,而不与万物相争,并谦
卑地留驻于众人都不愿意处的低位,所
以近乎道的品质。

停驻时,善于渗透润泽;

思虑时,善于集合汇聚;

交往时,善于广容仁爱;

言论时,善于真实传达;

治理时,善于疏浚修治;

作为时,善于施行才干;

行动时,善于待时而动。

正因为在时空场景中不断完善而不去
相争,

所以才不会招来怨尤。

第九章

① 已：停止。
② 遗：留下。咎：
灾祸。

持而盈之，
不如其已^①；
揣而锐之，
不可长保。
金玉满堂，
莫之能守；
富贵而骄，
自遗其咎^②。
功成名遂身退，
天之道也。

译　解

因为持有而骄傲自满，不如停止持有；
因为怀藏而刻薄尖锐，不可长久保有。
获得满堂的金玉财宝，没有谁能一直
掌管；

得到富贵而骄纵傲慢,会因为自己的失
度招来祸咎。

治理达到目的,声望遂了心愿,将自己从
功名中脱离出来,才合乎不为自身的天
之道。

第十章

① **营魄**：魂魄。
② **玄鉴**：玄妙的镜子。喻指内心。
③ **阖**(hé)：关闭。
④ **畜**(xù)：养。

载营魄抱一①，
能无离乎？
专气致柔，
能婴儿乎？
涤除玄鉴②，
能无疵乎？
爱民治国，
能无为乎？
天门开阖③，
能为雌乎？
明白四达，
能无知乎？
生之畜之④。
生而不有，
为而不恃，
长而不宰，
是谓玄德。

译　解

营血魂魄，聚合为一，能使形神没有分离吗？

专注气息，追求新生，能如婴儿般充满生机吗？

清净内心，观照事物，能达到没有瑕疵吗？

爱惜百姓，治理国家，能做到客观作为吗？

主宰一方的开合，能做到守雌般不断生化吗？

通晓事理，练达各方，能做到不主观认知吗？

对万物生成育养。

处于生成的角色时，对万物不占有；

处于辅佐的角色时，对作为不依仗；

处于掌管的角色时，对万物不奴役。

做到以上这三点，便称之为深远的德行。

第十一章

① **辐**：车轮上连接轴心与轮圈的木条。**毂**(gǔ)：车轮中心有洞可以插轴的部分。

② **埏埴**(shān zhí)：揉捏黏土。埏，揉和。埴，黏土。

③ **牖**(yǒu)：窗子。

三十辐共一毂①，
当其无，
有车之用；
埏埴以为器②，
当其无，
有器之用；
凿户牖以为室③，
当其无，
有室之用。
故有之以为利，
无之以为用。

译 解

三十根辐条共用一个车毂，承担起共同的空间，便有了车的功能；
揉和水与黏土作为器皿，承担起共

同的空间，便有了器皿的功能；
凿出门窗作为房屋，承担起共同的空间，
便有了房屋的功能。
所以，有形的存在能展现事物的利处，
无形的空间能发挥事物的作用。

第十二章

① **五色**：青、赤、黄、白、黑为五色。此指缤纷的色彩。
② **五音**：古代音乐的五个基本音阶，即宫、商、角、徵、羽。代指纷繁的声音。
③ **五味**：酸、苦、甘、辛、咸。代指很多的滋味。
④ **田猎**：打猎。

五色令人目盲①，
五音令人耳聋②，
五味令人口爽③，
驰骋田猎④，
令人心发狂，
难得之货，
令人行妨。
是以圣人为腹不为目，
故去彼取此。

译　解

迷惑于繁复的色彩，使人对所看到的难以识别；
沉浸于纷乱的声音，使人对所听到的不能辨析；
贪恋于混杂的滋味，使人对所品味到的

感受减损；

肆意地征伐狩猎，会使人因为自我的放纵而变得狂妄；

追寻难得的珍稀货物，会使人因为贪婪的欲望而产生行为上的阻碍。

因此，圣人的作为永远围绕着内在的充实，而不是为了获得表象的浮华；所以在取舍中能够放弃表象的浮华，选择内在的充实。

第十三章

① 贵：重视，看重。
身：自我。

宠辱若惊，
贵大患若身①。
何谓宠辱若惊？
宠为上，
辱为下，
得之若惊，
失之若惊，
是谓宠辱若惊。
何谓贵大患若身？
吾所以有大患者，
为吾有身，
及吾无身，
吾有何患？
故贵以身为天下，
若可寄天下；
爱以身为天下，
若可托天下。

译　解

受到尊宠与羞辱，就好像受到惊扰一样，对这种感受的重视，就像是大的忧患降临到自身一样。

什么是"宠辱若惊"？受到尊宠是因为能力品质超越了他人，受到羞辱是因为能力品质不及他人。能力品质得到认可时有所忧患，能力品质失去认可时有所反思，这种有所忧患、有所反思的状态便是"宠辱若惊"。

什么是"贵大患若身"？之所以会有大的忧患降临自身的感受，是因为自身有品德与地位，如果自身没有品德与地位，还有什么可忧患的？

所以，为了天下百姓而重视自己的品德与地位，才能寄身天下；为了天下百姓而爱惜自己的品德与地位，才能承举天下。

第十四章

① **致诘**：追究。

② **绳绳**(mǐn)：绵
绵不绝貌。

③ **御**：驾驭。

④ **道纪**：纲纪。

视之不见名曰夷，

听之不闻名曰希，

搏之不得名曰微。

此三者，不可致诘①，

故混而为一。

其上不皎，

其下不昧。

绳绳兮不可名②，

复归于无物。

是谓无状之状，

无物之象，

是谓惚恍。

迎之不见其首，

随之不见其后。

执古之道，

以御今之有③。

能知古始，

是谓道纪^④。

译　解

用眼睛去观察却无法看见，称其为无形；
用耳朵去听闻却无法听到，称其为寂静；
用身体去感触却无法捕捉，称其为隐微。
对于这种寂静、无形、隐微的存在，无法
单一细问追究，所以，混同成为一个整体
来感知。
她没有在上的显明，也没有在下的昏昧；
绵延无边，无法描述，对她的描述只能复
归于无物。
这便是没有形态的形态，没有形状的形
状，这便是惚恍。
面对"她"，却看不到"她"的开端；
跟随"她"，却看不到"她"的结束。
把握历史中的规律法则，以治理当前的
现实。
能开始明白历史中的规律法则，便是道
的开端。

第十五章

① **容**：描绘，形容。

② **豫兮**：迟疑慎重的样子。

③ **犹兮**：警惕戒备的样子。

④ **俨兮**：庄重严肃的样子。

⑤ **涣兮**：舒畅的样子。

⑥ **徐**：缓慢。

⑦ **蔽**：通"敝"，破旧，坏。

古之善为道者，
微妙玄通，
深不可识。
夫唯不可识，
故强为之容①：
豫兮若冬涉川②，
犹兮若畏四邻③，
俨兮其若客④，
涣兮其若凌释⑤，
敦兮其若朴，
旷兮其若谷，
浑兮其若浊。
孰能浊以静之徐清⑥？
孰能安以动之徐生？
保此道者不欲盈。
夫唯不盈，
故能蔽而新成⑦。

译　解

历史上善于以道作为的人，隐微美好，寂静通达，德行深远得不易辨识。

正因为其德行深远，不易辨识，所以才勉强为其形容：

他的欢喜，就像是跨越凝止结冰的河川；

他的犹畏，就像是面对性情各异的四邻；

他的庄严，就像是客居礼俗未知的他乡；

他的涣然，就像是感受冰凌凝结的消融；

他的敦朴，就像是复归尚未切割的原木；

他的广大，就像是山间空阔深远的旷谷；

他的和同，就像是混同糅杂万物的浊流。

谁能在混浊中守静，缓慢地走向纯净？

谁能在安定中发动，缓慢地达到生成？

维护这种"道"的人不贪求盈满，

只有做到不盈满，才能不断去除蔽坏，获得新生。

第十六章

① **静笃**：清静无欲。
② **复**：循环往复。
③ **芸芸**：众多貌。
④ **没身**：终身。

致虚极，
守静笃①。
万物并作，
吾以观复②。
夫物芸芸③，
各复归其根。
归根曰静，
静曰复命。
复命曰常，
知常曰明。
不知常，
妄作，凶。
知常容，
容乃公，
公乃全，
全乃天，
天乃道，

道乃久，
没身不殆④。

译　解

致力于虚怀广大，才能达到极致；
持守于清静无为，才能做到专注。
圣人正因为做到了极致、专注，所以才能
从万物的发动生作中，观察到生长往复
的规律。
芸芸万物，各自都在生长往复中回归本原。
回归本原就是清静无为，清静无为就是
生命的生长往复。
生命的生长往复，就是生命的客观规律。
认识生命的客观规律就是智慧高明。
不能认识生命的客观规律，就会因为自
己的妄自作为而带来凶祸。
认识生命的客观规律，才能包容；
能够包容，才能公正；
能够公正，才会全面；
能够全面，才有整体；
有了整体，才会见道；
能够见道，才能长久，
便终身不会产生祸咎。

32

第十七章

① **太上**：最好的。
② **誉**：称赞。
③ **侮**：轻慢，轻贱。
④ **悠兮**：悠闲的样子。
⑤ **贵言**：以言为贵。意思是不轻易发号施令。
⑥ **自然**：自己本来的样子。

太上^①，不知有之；
其次，亲而誉之^②；
其次，畏之；
其次，侮之^③。
信不足焉，
有不信焉。
悠兮^④，其贵言^⑤。
功成事遂，
百姓皆谓：
"我自然。"^⑥

译 解

最优秀的君主，完善的是整体的制度与秩序，使臣属百姓能够在完善的制度与秩序下协作发展，所以不需要知道在上者的存在；

其次的君主，完善的是个体的品质与能力，使百姓在其个体的治理与教化中得到引领，所以会获得臣属百姓的亲近与赞誉；

再次的君主，不能将制度与秩序完善，反而是倚仗自己的名位，用强权对臣属和百姓苛责严厉，使臣属百姓对其政令产生恐惧与憎恶；

最次的君主，不能建立整体的制度与秩序，也没有自我的担当与智慧，虽然身在其位，却因为无知愚蠢，而引来臣属百姓的轻慢。

如果自身信誉不足，即便拥有了名位和身份，也不会获得信任。

对作为把握恰当的尺度，对言行重视谨慎。

功成事遂，百姓都会说："本来就是这个样子的。"

第十八章

① 道：此指准则，即社会公德、公正等。

② 六亲：父、子、兄、弟、夫、妻。此指家庭关系。

大道废①，
有仁义；
智慧出，
有大伪；
六亲不和②，
有孝慈；
国家昏乱，
有忠臣。

译 解

大道衰败，于是显现仁义；

智慧显露，于是出现伪诈；

六亲不和，才会体现孝慈；

国家昏乱，才会发现忠臣。

第十九章

绝圣弃智①,
民利百倍;
绝仁弃义,
民复孝慈②;
绝巧弃利,
盗贼无有。
此三者以为文,不足,
故令有所属:
见素抱朴③,
少私寡欲,
绝学无忧。

① 绝:断绝,放弃。
② 复:恢复。
③ 见:同"现",显现,显示。

译 解

只有绝弃对圣智的妄求,才不会因为一味地模仿圣智,失去自己的特色,才能够发挥自己的长处,获得更大的利益;

只有绝弃对仁义的偏执,才不会局限于单一的品德。面对各自在家庭与社会中的不同角色,才能做到长者慈,幼者孝;只有绝弃对巧利的贪恋,才会放弃对奢侈的贪求。使国家安宁、风气祥和、百姓富裕,才不会有盗贼产生。

以圣智、仁义、巧利作为法令条文,是不可以的。

所以,法令应当有所告诫:彰显真诚,持守质朴;减少私念,舍弃妄欲;绝弃模仿,安然无忧。

第二十章

唯之与阿①,
相去几何?
美之与恶,
相去若何②?
人之所畏,
不可不畏。
荒兮,其未央哉③!
众人熙熙,
如享太牢④,
如春登台;
我独泊兮,
其未兆⑤,
如婴儿之未孩,
儽儽兮⑥,
若无所归。
众人皆有余,
而我独若遗⑦。

① **唯**:恭敬地答应的声音。**阿**:怠慢地答应的声音。
② **去**:离开,指距离。**若何**:几何,多少。
③ **央**:结束。
④ **太牢**:指供祭祀用的牛、羊、豕。
⑤ **未兆**:没有显现。
⑥ **儽儽(léi)**:颓丧失意貌。
⑦ **遗**:不足,不够。
⑧ **沌沌**:混混沌沌的样子。
⑨ **昭昭**:清楚,精明。
⑩ **昏昏**:暗昧,糊涂。
⑪ **闷闷**:纯朴的样子。
⑫ **飂(liù)**:疾风。
⑬ **母**:根本。

我愚人之心也哉！

沌沌兮^⑧，

俗人昭昭^⑨，

我独昏昏^⑩；

俗人察察，

我独闷闷^⑪。

淡兮其若海，

飂兮若无止^⑫。

众人皆有以，

而我独顽且鄙。

我独异于人，

而贵食母^⑬。

译　解

恭敬与轻慢，相互之间有多少差别？

美好与丑恶，相互之间又有多少差别？

人们所敬畏的，不可以不敬畏，

因为心有所畏才会行有所止。

荒废于为所欲为，没有穷尽啊！

众人熙熙攘攘，就像享受美味的食物，就

像感受美好的景致。

只有圣人悠然淡泊，就像这一切还没有

萌生，就像婴儿还没有成长为孩童，

无精打采啊,好像这些外在的欢乐没什
么值得向往的。

众人都有宽裕的时间,只有圣人时间匮
乏不足。

圣人是愚人的心智吗?

天地无分,万物交错啊!

俗人都炫示彰明,只有圣人无意显耀;

俗人都多疑好察,只有圣人宽厚仁爱。

心志淡泊得就像静谧安宁的天池,

行为迅速得就像无所留驻的疾风。

众人都有外在的依恃,只有圣人固执地
对其轻蔑。

只有圣人异于常人,重视的是作为于事
物的根本。

第二十一章

① **孔德**：大德。
容：状貌。
② **惟恍惟惚**：迷离，难以捉摸。
③ **窈兮冥兮**：深远渺茫的样子。
④ **信**：诚实，凭信。此处引申为规律。
⑤ **去**：离开，失去。
⑥ **众甫**：即众父。指万物的起始。

孔德之容①，
惟道是从。
道之为物，
惟恍惟惚②。
惚兮恍兮，
其中有象；
恍兮惚兮，
其中有物；
窈兮冥兮③，
其中有精；
其精甚真，
其中有信④。
自今及古，
其名不去⑤，
以阅众甫⑥。
吾何以知众甫之状哉？
以此。

译　解

品德深远通达的状态,是行为决断跟从
道来作为。

道从物象的角度看,是恍惚的;

在惚恍中,存有形状;

在恍惚中,存有实质;

在窈冥中,存有精气;

这种精气特别真切,存有事物发展变化
的规律。

从当下追溯到过去,"道"的名状一直存
在,以观察万物的开始。

我怎么知道万物开始的情形呢? 就是
凭此。

第二十二章

① 枉：弯曲。

② 洼：低洼。

③ 敝：破旧。

④ 惑：迷惑，糊涂。

⑤ 一：即道。

⑥ 见：同"现"，显示，显现。

⑦ 彰：明显，显著。

⑧ 伐：夸赞。

⑨ 唯：因为。

曲则全，
枉则直①；
洼则盈②，
敝则新③；
少则得，
多则惑④。
是以圣人抱一为天下式⑤。
不自见⑥，
故明；
不自是，
故彰⑦；
不自伐⑧，
故有功；
不自矜，
故长。
夫唯不争⑨，
故天下莫能与之争。

古之所谓"曲则全"者，
岂虚言哉？
诚全而归之。

译　解

因为有屈曲，所以会周全；
因为有不公，所以会端直；
因为有低洼，所以会充满；
因为有衰败，所以会新生；
因为有不足，所以会获得；
因为有太多，所以会迷乱。
因此圣人怀藏整体，作为天下的榜样。
不自我显现，于是智慧明达；
不自以为是，于是德行显著；
不自我夸耀，于是成就功绩；
不自我崇尚，于是能够长久。
正因为不争名位，完善自我，
所以道德高尚，天下没有谁能与之相争。
古人所说的"曲则全"，难道是空话吗？
的确，屈曲才能成就整体。

4

第二十三章

① **希言**：即稀言，
沉默寡言。
② **飘风**：暴风。
朝：早晨。
③ **孰**：谁。

希言自然①。
故飘风不终朝②，
骤雨不终日。
孰为此者③？
天地。
天地尚不能久，
而况于人乎？
故从事于道者，同于道；
德者，同于德；
失者，同于失。
同于道者，
道亦乐得之；
同于德者，
德亦乐得之；
同于失者，
失亦乐得之。
信不足焉，

有不信焉。

译　解

静默地作为，符合自然。

所以，暴风骤雨不能长久地施行。

谁施行的暴风骤雨？

天地。

天地尚且不能长久张扬地作为，何况于

人呢？

所以，一个人以道作为，就会聚合道；

以德作为，就会聚合德；

以遗漏过失作为，就会聚合遗漏过失。

聚合道的人，道也乐于得到他；

聚合德的人，德也乐于得到他；

聚合遗漏过失的人，遗漏过失也乐于得

到他。

自身的信誉不足，就是有所作为也不会

获得他人的信任。

第二十四章

① 企：踮起脚，即
抬起脚后跟。

② 跨：跨越。此处
指大跨步。

③ 余食：吃剩的食
物。赘行：身上的
赘瘤。行，古通"形"。

④ 物：众人。恶：
讨厌。

企者不立①，
跨者不行②，
自见者不明，
自是者不彰，
自伐者无功，
自矜者不长。
其在道也，
曰：余食赘行③，
物或恶之④，
故有道者不处。

译　解

踮起脚跟的人，不能长久站立；
两腿大跨步的人，不能正常行走。
自我显见的人，不明达；
自以为是的人，不彰显；

自我夸耀的人，无功绩；
自我崇尚的人，不长久。
自见、自是、自伐、自矜，在大道中都是多
余和累赘的。
众人或许会厌恶，所以有道的人不会使
自己处于这几种状态。

第二十五章

① **寂**：无声。**寥**：
空虚无形。
② **不殆**：不息，不
停。
③ **强**：勉强。**字**：
起名字。
④ **自然**：不经干预，
自然发展。

有物混成，
先天地生，
寂兮寥兮^①，
独立而不改，
周行而不殆^②，
可以为天地母。
吾不知其名，
强字之曰“道”^③，
强为之名曰“大”。
大曰逝，
逝曰远，
远曰反。
故道大，
天大，
地大，
人亦大。
域中有四大，

而人居其一焉。
人法地，
地法天，
天法道，
道法自然④。

译　解

有一种物象，在混沌中形成，

先于天地就已经产生，

寂静安宁，

独自存在而没有改变，

往复运行而没有懈怠，

可以作为生成天地万物的根本。

我不知道她的称谓，

勉强以"道"来表示她的德行，

勉强以"大"来作为她的称谓。

"大曰逝"，就是在生成万物中时光流逝；

"逝曰远"，就是在时光流逝中深远广大；

"远曰反"，就是在深远广大中周行不息。

所以道大，

天大，

地大，

人也大。

在一定范围内有四大，
而人居其一。
人遵从地的法则育养万物，
地遵从天的法则承载万物，
天遵从道的法则包覆万物，
道遵从自然的法则生成万物。

第二十六章

重为轻根①，
静为躁君②。
是以君子终日行，
不离辎重③。
虽有荣观，
燕处超然④。
奈何万乘之主⑤，
而以身轻天下？
轻则失根，
躁则失君。

① **根**：根本，基础。
② **躁**：躁动。
③ **辎重**：外出时携带的物资。
④ **燕处**：闲居。
⑤ **万乘之主**：大国的君主。

译 解

厚重是轻逸的根基，
平静是焦躁的主宰。
所以君子整天施行作为，
不离开辎重物资。

虽然有荣耀美誉，
君子对这些却是超脱淡然。
奈何大国的君主，
却仗恃自己的身份地位，轻浮地对待他
的属地及百姓。
轻逸就会失去承载自己的根基，
焦躁就会失去作为尺度的主宰。

第二十七章

善行无辙迹①，
善言无瑕谪②，
善数不用筹策③，
善闭无关楗而不可开④，
善结无绳约而不可解⑤。
是以圣人常善救人，
故无弃人；
常善救物，
故无弃物，
是谓袭明⑥。
故善人者，
不善人之师；
不善人者，
善人之资。
不贵其师，
不爱其资，
虽智大迷，
是谓要妙⑦。

① **辙迹**：痕迹。辙，车轮压出的痕迹。
② **瑕谪**（zhé）：玉上的疵病。此处引申为失误。
③ **筹策**：古代计算时用的一种工具，用竹制成。
④ **关楗**：关锁门户用的插销，用金属或木头制成。
⑤ **绳约**：绳索。
⑥ **袭**：承袭。
⑦ **要妙**：幽妙。

译　解

完善于"行"，才能发现更合理的行走路径与承载工具，而不会止于前人的辙迹；

完善于"言"，才能拟定更恰当的措辞语气，而不会产生言论的瑕疵；

完善于"数"，才能找寻更先进的计算方法，而不会执着于使用筹策；

完善于"闭"，才能发明更好的关合方式，使之没有关楗也无法开启；

完善于"结"，才能创造出更合理的聚结方式，使之没有绳约也无法解开。

因此，圣人总是寻求完善来帮助他人，所以在圣人眼里，没有需要放弃的人；

寻求完善辅助事物，所以圣人眼里，没有需要废弃的事物。

在寻求完善中救人、救物，便是承袭日月光明的品德。

所以，完善者可以作为不够完善者的榜样；不够完善者可以作为完善者的素材。

不重视榜样，也不珍惜素材，

这种道理虽然智慧，却使人难以理解，而正是善人、善物最关键的微妙之处。

第二十八章

知其雄^①，
守其雌^②，
为天下溪。
为天下溪，
常德不离，
复归于婴儿。
知其白，
守其黑，
为天下式。
为天下式，
常德不忒^③，
复归于无极。
知其荣，
守其辱，
为天下谷。
为天下谷，
常德乃足，

① **雄**：雄强，强盛。
② **雌**：柔弱。
③ **忒**(tè)：差错。
④ **朴**：质朴、真朴。
   散：分散，发扬。
⑤ **割**：割弃。

复归于朴。
朴散则为器④，
圣人用之，
则为官长，
故大制不割⑤。

译　解

了解天下的强盛，但职守天下的柔弱，才
可以成为天下汇聚的中心。

成为天下汇聚的中心，保持这种品德没
有背离，就能使天下回归到婴儿般充满
生机的状态。

了解天下的光明，但职守天下的昏暗，才
可以成为天下效仿的榜样。

成为天下效仿的榜样，保持这种品德没
有差错，就能使天下回归到无极般混同
一体的状态。

了解天下的荣耀，但职守天下的屈辱，才
可以成为天下广容的旷谷。

成为天下广容的旷谷，保持这种品德才
能知足，就能使天下回归到原木般淳厚
质朴的状态。

发扬这种淳厚质朴的品质，就可以使人

成就才干；圣人施行这种品质，就可以成
为一方的官吏，所以，天下最好的法度就
是，不为了追求强盛而割弃柔弱的部分，
不为了追求光明而割弃昏暗的部分，不
为了追求荣耀而割弃屈辱的部分。

第二十九章

① 神器：神圣之物。
② 羸：瘦弱。
③ 隳（huī）：堕，坠落。

将欲取天下而为之，
吾见其不得已。
天下神器①，
不可为也，
不可执也。
为者败之，
执者失之。
夫物或行或随，
或嘘或吹，
或强或羸②，
或载或隳③。
是以圣人去甚，去奢，去泰。

译　解

想要以取得天下的目的而作为，
我看他不能如愿。

天下是一种自然神圣的权力，

不可以为了取得天下而作为，

不可以为了取得天下而执持。

为了取得天下而作为的人不能成功，

为了取得天下而执持的人不能如愿。

看天下的万物，

或是积极前行，或是落后跟随，

或是真实关怀，或是夸口大话，

或是强盛刚毅，或是羸弱衰贫，

或是承载担当，或是怠惰崩坏。

所以，圣人放弃对安乐、奢靡、通泰的过

分执着，而是根据万物的需要，在无为中

善治天下。

第三十章

① 佐：辅佐。
② 还：报应，报复。
③ 凶年：灾荒年。
④ 已：结束，灭亡。

以道佐人主者①，
不以兵强天下，
其事好还②。
师之所处，
荆棘生焉。
大军之后，
必有凶年③。
善有果而已，
不敢以取强。
果而勿矜，
果而勿伐，
果而勿骄，
果而不得已，
果而勿强。
物壮则老，
是谓不道，
不道早已④。

译　解

以道来辅佐君主的人，

不以武力的方式逞强于天下，

武力容易产生战乱的报复。

战争以及军队的留驻，

必然影响正常的耕种生产，

从而导致田地荒芜、荆棘丛生。

即便战争结束，

也会因为战乱的遗祸，

影响田地的收成，

引发饥荒瘟疫等连绵的灾殃。

即便擅长用兵，

也要在达到目的以后，

立刻停止战争，

不敢以强力夺取的方式追求强大。

即便达到了目的，

也不要自大、夸耀、傲慢；

达到了目的之后，

对国家的发展完善不要停止；

达到了目的之后，

不要强暴地对待天下。

有的事物发展到强盛后，

便开始衰落，

就是因为背离了道的法则，

不以道的法则来生存发展，

就会早早地走向灭亡。

第三十一章

夫兵者，
不祥之器，
物或恶之①，
故有道者不处。
君子居则贵左，
用兵则贵右。
兵者，
不祥之器，
非君子之器。
不得已而用之，
恬淡为上。
胜而不美②，
而美之者，
是乐杀人③。
夫乐杀人者，
则不可得志于天下矣。
吉事尚左，

① **物**：此处指人。
② **美**：得意，高兴。
③ **乐**：喜爱。
④ **偏将军**：将军的辅佐官。
⑤ **丧礼**：办丧事的仪式。

凶事尚右。
偏将军居左④，
上将军居右，
言以丧礼处之⑤。
杀人之众，
以悲哀泣之；
战胜，
以丧礼处之。

译　解

战争，
属于残酷的手段，
因为会带来杀戮与灾害，人们都厌恶它，
所以，有道的人不以战争的方式处理
问题。
"左"代表着东方生气，所以君子安置住
所以左为上。
"右"代表着西方杀气，所以用兵打仗以
右为上。
战争，
属于残酷的手段，
不是君子的手段。
即便在不得已的情况下发动战争，

也不能以此来好勇争名，要以恬淡为上。

战争获得胜利也不应该感到喜悦，

为战争的胜利而喜悦，

就是喜欢杀人。

喜欢杀人的人，

就不能够实现志愿于天下。

吉礼崇尚"左"，凶礼崇尚"右"。

因此，在军队的位次中，偏将军作为辅助

角色，处于偏左的位置；上将军作为主要

角色，处于偏右的位置。

这说明军中的位次是以丧礼的礼制来安

排的。

杀戮的军士，用悲伤的态度哀泣战争；

获胜的一方，用丧礼的礼制对待胜利。

6
6

第三十二章

① 臣：此处作动
词，使……服从。
② 宾：宾服，服从。
③ 制：作，兴起。
④ 殆：危险。
⑤ 譬：比喻，比方。

道常无名，
朴，
虽小，
天下莫能臣①。
侯王若能守之，
万物将自宾②。
天地相合，
以降甘露，
民莫之令而自均。
始制③，有名。
名亦既有，
夫亦将知止，
知止可以不殆④。
譬道之在天下⑤，
犹川谷之于江海。

译　解

道永远是在无名的状态下运化生成
万物，
质朴而本真，
作为虽然隐微，
天下却没有任何事物能将之役使。
侯王如果能够持守道的这种品质来
治事，
万物将自行对其归顺。
天地之气相合，
以便降下甘露润泽万物，
不需要百姓的指令，就会均匀施布。
开始治理做事，就会有名属。
既然有了名属，
就应该根据自己的名属，来划定作为的
范围，
划定作为的范围，可以使自己避免因为
行为失度而产生危险。
譬如，道对天下万物的运化生成，
犹如川谷之于江海的聚合汇通。

第三十三章

① **明**：高明，聪明。
② **强**：坚强，坚定。

知人者智，
自知者明①。
胜人者有力，
自胜者强②。
知足者富，
强行者有志。
不失其所者久，
死而不亡者寿。

译　解

通过对言行的观察，能够认识他人是
智慧；
通过对本身的观照，能够认识自己是
明达。
面对两相的较量，能够战胜他人是有力；
面对自我的纠结，能够战胜自己是强大。

面对名利与物质，能够认识到满足是
富有；
面对挫折与阻力，能够坚定地作为是
有志。
面对纷乱的局面，不失去自我的位置才
能长久；
面对时间的流逝，生命逝去而精神不朽
才是长寿。

第三十四章

① **恃**：依靠。**辞**：
辞让，推辞。
② **衣养**：养育。
③ **名于小**：称为
小。

大道泛兮，
其可左右。
万物恃之以生而不辞①。
功成而不有。
衣养万物而不为主②，
可名于小矣③；
万物归焉而不为主，
可名为大矣。
以其终不自为大，
故能成其大。

译　解

大道的作用广泛而普遍，
对万物既可辅佐，也可护佑。
万物都依赖其生成，道却不辞辛苦，
功用完成也不占有万物。

对万物载覆育养而不为主宰者,可以称
之为隐微;
使万物归附聚合而不为主宰者,可以称
之为博大。
道始终不自以为博大,但正是因为这种
对万物不辞、不有、不为主的广泛作为,
成就了道的博大。

第三十五章

① **大象**：宇宙中最大的像，即大道。
② **太**：同"泰"，安泰。
③ **乐**：音乐。**饵**：美味佳肴。
④ **止**：停驻。
⑤ **既**：尽。

执大象①，
天下往。
往而不害，
安平太②。
乐与饵③，
过客止④。
道之出口，
淡乎其无味，
视之不足见，
听之不足闻，
用之不足既⑤。

译　解

执持大道，
天下万物就会自然地归往。
归往而不使之产生祸患，

天下就会安定、平和、顺利。
和谐的礼乐与美好的食物，
可以使往来的过客停驻。
将代表客观规律的道，用语言表达出来，
平淡得就好像没有什么深远意味，
看见的就好像没有什么值得了解，
听到的就好像没有什么可以传扬，
发挥的作用却深邃得好像没有穷尽。

第三十六章

① **歙**（xī）：收敛，收拢。
② **张**：张开，扩张。
③ **与**：给。
④ **微明**：变化的先兆。
⑤ **利器**：治国手段。

将欲歙之①，
必固张之②；
将欲弱之，
必固强之；
将欲废之，
必固兴之；
将欲取之，
必固与之③。
是谓微明④。
柔弱胜刚强。
鱼不可脱于渊，
国之利器⑤，
不可以示人。

译　解

将要收拢的，必然固执于扩张；

将要穷弱的，必然固执于强盛；

将要废毁的，必然固执于兴起；

将要获取的，必然固执于给予。

事物发展到极端，就会朝相反的方向转

化，这种周行不息的辩证思想，便是微妙

的光明。

温和曲柔的发展要胜过盲目刚强的

妄进。

鱼不可以脱离赖以生存的深潭，

所以，国家生存与发展所依赖的利器，不

可以示现于他人。

第三十七章

① **自化**：自我生
长，自我化育。
② **欲**：欲望，贪欲。
③ **无名**：不可名。
朴：指道的真朴。

道常无为而无不为。
侯王若能守之，
万物将自化①。
化而欲作②，
吾将镇之以无名之朴③。
无名之朴，
夫亦将不欲。
不欲以静，
天下将自正。

译　解

道永远不会主观作为，而对万物的承载
连通永远不会不作为。
侯王如果能够持守这种品质来治事，
万物将因为能够相互连通而在协作中自
行达到大治。

达到大治而有人想要跟从妄欲作为，
我将以没有名位的本原状态来震慑他。
回归到没有名位的本原状态，他们也就
不再想要跟从妄欲作为。
不再想要跟从欲望作为就会安定平静，
天下就能自行在协作中达到美好完善。

第三十八章

① **上德**：指具有上
等品德的人。**德**：
人间对应天道的各
种品德操守、仁爱
恩惠。
② **无以为**：无心作
为。
③ **应**：回应。
④ **攘臂**：捋起衣袖，
伸出胳膊。**扔**：拉
拽。
⑤ **薄**：淡薄，微薄。
⑥ **华**：虚华。
⑦ **去**：去掉，舍弃。

上德不德①，
是以有德；
下德不失德，
是以无德。
上德无为而无以为②，
下德为之而有以为。
上仁为之而无以为；
上义为之而有以为；
上礼为之而莫之应③，
则攘臂而扔之④。
故失道而后德，
失德而后仁，
失仁而后义，
失义而后礼。
夫礼者，
忠信之薄⑤，而乱之首。
前识者，

道之华^⑥,而愚之始。
是以大丈夫处其厚,
不居其薄;
处其实,
不居其华。
故去彼取此^⑦。

译　解

上德是不自以为有德,而致力于天下万
物在相互依赖中各正其位,协作共生,所
以有德;

下德是自以为有德,而不能使天下万物
在相互依赖中各正其位,协作共生,所以
无德。

上德在自然中客观作为,于是不为了什
么缘由而作为;

下德在情义中主观作为,于是会为了某
种缘由而作为。

上仁是以仁爱作为,没有界限、对象的分
别,于是不为了某种缘由而作为;

上义是以情义作为,有着亲疏、远近的分
别,于是会为了某种缘由而作为,

上礼是以形式作为,用来分别同异、界定

亲疏，没有谁对其响应，就伸出胳膊来拉拽。

所以，背离了"道"，然后才会寻求"德"；

背离了"德"，然后才会寻求"仁"；

背离了"仁"，然后才会寻求"义"；

背离了"义"，然后才会寻求"礼"。

那分别同异、界定亲疏者，代表着忠信的不足，于是成为社会动荡的开端。

那事先分别同异、界定亲疏者，代表着浮华的道理，于是成为愚钝无知的开始。

所以大丈夫置身于忠信宽厚，而不居于尚礼苛责；

置身于淳朴真诚，而不居于浮华虚伪。

所以应当丢弃尚礼苛责、浮华虚伪，而选择忠信宽厚、淳朴真诚。

第三十九章

昔之得一者①：
天得一以清②，
地得一以宁③，
神得一以灵④，
谷得一以盈⑤，
万物得一以生，
侯王得一以为天下正⑥。
其致之一也。
谓天无以清，
将恐裂；
地无以宁，
将恐废⑦；
神无以灵，
将恐歇⑧；
谷无以盈，
将恐竭；
万物无以生，

① 一：指"道"。
② 清：清明。
③ 宁：安宁。
④ 灵：灵妙。
⑤ 盈：满。
⑥ 正：标准，准则。
⑦ 废：陷塌。
⑧ 歇：消失。
⑨ 蹶：跌倒。引申为挫折、失败。
⑩ 基：基础。
⑪ 至誉：最高的赞誉。
⑫ 琭琭(lù)：珍贵貌。
⑬ 珞珞(luò)：坚硬貌。

将恐灭；
侯王无以为正，
将恐蹶⑨。
故贵以贱为本，
高以下为基⑩。
是以侯王自称孤、寡、不谷，
此非以贱为本邪?
非乎?
故至誉无誉⑪。
是故不欲琭琭如玉⑫，
珞珞如石⑬。

译　解

以前的得道者：
天得道能够清明，
地得道能够安宁，
神得道能够灵验，
谷得道能够盈满，
万物得道能够生化，
侯王得道能够为天下规范协作共生的
标准。
各自都是致力于得道。
天不能清明，可能将要崩裂；

地不能安宁,可能将要坍塌;

神不能灵验,可能将要消散;

河谷不能盈满,可能将要干涸;

万物不能生化,可能将要灭绝;

侯王不能为天下规范协作共生的标准,

天下的协作共生可能将要失败;

一个邦国只有尊卑上下整体协作,才能

在共生中长久稳定地发展前进。

尊贵者以低贱者为根本,在上者以在下

者为基础,

所以侯王自称"孤"、"寡"、"不谷",

这不是尊贵以低贱为根本吗?

不是吗?

所以最高的赞誉就是无需夸誉。

因此,不希望如宝玉一般珍贵光华,而是

如石头一般稳固坚实。

第四十章

① **反**：包含两种意思，一是相反、相对；二是同"返"，反复、循环之意。

反者道之动①，
弱者道之用。
天下万物生于有，
有生于无。

译 解

循环往复是道的运化，
屈柔温和是道的施用。
天下万物生成于自然呈现的已知，
呈现的已知生成于自然隐伏的未知。

第四十一章

上士闻道，
勤而行之；
中士闻道，
若存若亡①；
下士闻道，
大笑之，
不笑不足以为道。
建言有之②：
明道若昧③，
进道若退，
夷道若纇④，
上德若谷，
大白若辱⑤，
广德若不足，
建德若偷，
质真若渝⑥，
大方无隅⑦，

① 存：记在心里。
亡：同"忘"，忘记。
② 建言：立言。
③ 昧：暗昧。
④ 夷：平坦。纇
(lèi)：崎岖不平。
⑤ 辱：污浊。
⑥ 渝：改变。
⑦ 隅：棱角。
⑧ 希声：无声。
⑨ 贷：施予。成：
成就。

大器晚成，
大音希声⑧，
大象无形，
道隐无名。
夫唯道，
善贷且成⑨。

译　解

上等资质的士人听闻大道，表现为努力
不懈地施行；

中等资质的士人听闻大道，表现为时而
谨记时而忘记；

下等资质的士人听闻大道，表现为以大
笑来讥讽大道。

因为人的资质不同，对于道中所蕴含的
哲理，理解程度也会有所不同，因此，如
果下等资质的士人对于道没有讥讽，反
而不足以证明道的蕴含深刻。

古语有这样的说法：

明达之道好像是蒙昧的，只有克服蒙昧，
才能获得明达之道；

进取之道好像是落后的，只有超越落后，
才能获得进取之道；

平坦之道好像是崎岖的，只有消除崎岖，

才能获得平坦之道；

品德高尚者，就像旷谷虚怀，广容万物；

品德纯净者，就像素帛一般，成色无边；

品德广大者，就像有所不足，不断完善；

品德建立者，就像建功立业，默默成就；

品德精淳者，就像摒弃糟粕，纯正不杂。

大的端方无棱角；

大的器物晚成就；

大的声音不繁杂；

大的道理皆抽象；

道以无名的状态隐伏于事物的表象

之后。

只有道，

善于给予万物帮助，而且能够成功。

第四十二章

① **负阴而抱阳**：背阴而向阳。负，在背后；抱，在胸前。

② **和**：和谐。

③ **恶**：厌恶。

④ **孤**：孤单。**寡**：孤独。**不谷**：不善。谷，善。

⑤ **以为称**：用来自称。

⑥ **损**：减少。**益**：增加。

⑦ **强梁者**：凶悍的人。**不得其死**：意为不得好死。

⑧ **父**：根本。

道生一，
一生二，
二生三，
三生万物。
万物负阴而抱阳①，
冲气以为和②。
人之所恶③，
唯孤、寡、不谷④，
而王公以为称⑤。
故物或损之而益⑥，
或益之而损。
人之所教，
我亦教之。
强梁者不得其死⑦，
吾将以为教父⑧。

译　解

混沌的自然因为道而产生了整体的
世界，
整体的世界造分了天地，
天地产生了包括人在内的生命，
天、地、人合称"三才"，共同产生了万物。
万物都包含着阴阳对立的一体两面，
保持空虚的状态，使其在相互抵消中达
到和谐统一。
人们所讨厌的，
只有孤独、寡缺、不善，
而天子与诸侯却以"孤"、"寡"、"不谷"来
作为自己的谦称。
所以事物或是因为减损而获得增益，
或是因为增益而导致减损。
人们所教导的，
我也对其效法。
自身的能力不足，却想要身居要职强力
承举，得不到外在的荣耀，反而会因此走
向死亡。
我将以此作为教诲的根本。

第四十三章

① **至柔**：最柔软的东西。

② **无有**：无形。**无间**(jiàn)：没有间隙。

③ **不言**：不用语言。

天下之至柔①，
驰骋天下之至坚。
无有入无间②。
吾是以知无为之有益。
不言之教③，
无为之益，
天下希及之。

译　解

天下最为柔软的事物，
可以纵横于天下最为坚硬的事物。
无形的力量可以进入无空隙的物体
之中，
所以水可以滴穿石头，
空气可以透过墙壁，
草木初生的嫩芽可以突破生长的阻碍。

圣人因此认识到坚守自我、不求主观的
有利。
以身作则的教化，
客观无为的好处，
天下少有其他的道理能够比得上。

第四十四章

① **亲**：亲近。

② **多**：重视。

③ **亡**：失去。**病**：有害。

④ **费**：耗费。

⑤ **厚亡**：失去很多。厚，多。

⑥ **辱**：屈辱。

⑦ **殆**：危险。

名与身孰亲①？

身与货孰多②？

得与亡孰病③？

甚爱必大费④，

多藏必厚亡⑤。

故知足不辱⑥，

知止不殆⑦，

可以长久。

译　解

名位与自身哪个更亲近？

自身与财货哪个更重要？

获得与失去哪个更有害？

对于财货、名位、获得过分喜好，必然会

因为自身的贪婪而产生耗费；

过多的怀藏，必然会因为财物的丰厚而

带来亡失。

所以能够知足，便不会由此而带来屈辱，

能够知止，便不会由此而产生危殆，

没有屈辱与危殆的人生才能长久。

第四十五章

① **大成**：最大的完备。

② **弊**：破败。

③ **冲**：空虚。

④ **穷**：穷尽。

⑤ **屈**：弯曲。

⑥ **讷(nè)**：说话迟钝、笨拙。

⑦ **正**：准则。

大成若缺①，
其用不弊②。
大盈若冲③，
其用不穷④。
大直若屈⑤，
大巧若拙，
大辩若讷⑥。
躁胜寒，
静胜热，
清净为天下正⑦。

译　解

大的完备就好像是不足的，
因为不断地补充完善，
他的功用才能恒久而不会衰败。
大的盈满就好像是空虚的，

因为恒常的广容受纳，
他的功用才能深远而没有穷尽。
最大的公正就像是屈从的，
只有屈从万物才能正直如一；
精湛的技艺就像是无华的，
只有拙朴认真才能精妙美好；
高明的辩论就像是讷言的，
只有严谨理性才能阐述敏锐。
躁进胜过凝止，
平静胜过轻率，
心境洁净是为天下作为的准则。

第四十六章

① **却**：就，便。**走
马**：骑马疾驰。
② **戎马**：军马。
③ **咎**：过失，罪过。
④ **常**：长久，永远。

天下有道，
却走马以粪①；
天下无道，
戎马生于郊②。
祸莫大于不知足，
咎莫大于欲得③。
故知足之足，
常足矣④。

译　解

天下有道，
就看到马匹疾驰运送粪料，
体现出一派安宁祥和、忙于耕作
的社会风貌；
天下无道，
用来作战的马匹只能在郊外

产仔，

体现出因为征伐而无序残忍的混乱

场景。

灾殃没有什么能超过不知足，

凶祸没有什么能超过贪婪。

所以，知道满足，及知道满足所代表的欲

望的克制、作为的尺度、心境的淡泊，才

会恒常地满足。

第四十七章

① 户：门
② 窥(kuī)：探看。
牖(yǒu)：窗户。
③ 弥：更加,越。

不出户①,
知天下；
不窥牖②,
见天道。
其出弥远③,
其知弥少。
是以圣人不行而知,
不见而明,
不为而成。

译　解

不离开对每一户百姓的关注,
才可以知道天下的疾苦与安危。
不通过窥视的角度看待事物,
才可以看到天下生存发展的道路。
一方君主离百姓的生活越远,

对天下的疾苦与安危知道的就越少。
因为圣人不离开对百姓的关注，
所以能够知道天下的疾苦与安危；
不通过窥视的角度看待事物，
所以能够明达天下生存发展的道路；
对于天下的治理不主观作为，
所以能够协助天下达到美好完善。

第四十八章

① **益**：增加。
② **损**：减少。
③ **取**：治理，掌握。

为学日益①，
为道日损②。
损之又损，
以至于无为。
无为而无不为。
取天下常以无事③，
及其有事，
不足以取天下。

译　解

作为于学习，就应该对知识每天都有所增益；
作为于行道，就应该对主观每天都有所减损；
对主观不断地减损，
以至于达到客观的状态。

客观地面对事物而没有不作为。
获得天下是为了让天下能够恒常地安定
祥和，
如果因为要获得天下而产生战争与
灾异，
说明其德行与能力还不足以获得天下。

第四十九章

① **常心**：恒常不变的心。
② **善之**：以善良对待他。
③ **信之**：以诚信对待他。
④ **歙歙**(xī)：收敛貌。
⑤ **浑**：浑沌，纯朴。
⑥ **孩之**：把他们当作孩子。

圣人无常心①，
以百姓心为心。
善者，吾善之②；
不善者，吾亦善之，
德善。
信者，吾信之③；
不信者，吾亦信之，
德信。
圣人在天下，
歙歙焉④；
为天下，
浑其心⑤。
百姓皆注其耳目，
圣人皆孩之⑥。

译　解

圣人没有自我的私心，

而是以百姓的想法为中心。

对于百姓，

善良的人，圣人善待他，

不够善良的人，圣人也善待他，

这是真诚的善待。

守信的人，圣人信任他，

不够守信的人，圣人也信任他，

这是真诚的信任。

圣人省视于天下时，

敛藏自我的私欲；

圣人作为于天下时，

全面整体地思考。

圣人的所闻、所见，关注的都是百姓的
生活，

圣人对待百姓就像是自己的孩子一样
关怀。

第五十章

① **十有(yòu)三**：十分之三。

② **死地**：死的境地。

③ **生生**：养护生命。

④ **摄生**：养生。
摄，调摄、养护。

⑤ **兕(sì)**：犀牛。

⑥ **被**：遭遇。**甲兵**：
武器。

出生入死。
生之徒，十有三①；
死之徒，十有三；
人之生，动之于死地②，
亦十有三。
夫何故？
以其生生之厚③。
盖善摄生者④，
陆行不遇兕虎⑤，
入军不被甲兵⑥。
兕无所投其角，
虎无所用其爪，
兵无所容其刃。
夫何故？
以其无死地。

译　解

由出生到死亡。

能够生存到老的人群，有十分之三；

早早进入死亡的人群，有十分之三；

在生存过程中，因为自身的作为而走向死亡的，还有十分之三。

这是什么原因呢？

这是因为能够生存到老的人，重视的是生命本身。

于是善于护养生命的人，

陆地上行走，不会碰到凶恶的犀牛猛虎；

参加战争，不会遭遇披坚执锐的士卒。

犀牛没有机会施展自己的锐角，

猛虎没有机会使用自己的利爪，

甲兵没有机会展示自己的兵刃。

这是什么原因呢？

因为善于护养生命的人，对生命本身的看重，高过外在的财物名利，所以不会因为侵犯犀牛猛虎的领地，贪恋征伐杀戮的战功，而使自己处于灾祸与凶险的境地。

第五十一章

① **畜**：养。
② **形之**：使之有形。
③ **成之**：使之长成。
④ **贵德**：重视德。
⑤ **莫之命**：即"莫命之"，没有谁来命令它。
⑥ **亭之毒之**：即安之定之。亭，定；毒，安。
⑦ **覆**：覆盖，呵护。
⑧ **恃**：依靠。
⑨ **宰**：主宰。
⑩ **玄德**：深远的德行。

道生之，
德畜之①，
物形之②，
势成之③。
是以万物莫不尊道而贵德④。
道之尊，
德之贵，
夫莫之命而常自然⑤。
故道生之，
德畜之，
长之育之，
亭之毒之⑥，
养之覆之⑦。
生而不有，
为而不恃⑧，
长而不宰⑨，
是谓玄德⑩。

译　解

万物在道中生化，

在德中积蕴，

在物象中具备形色，

在情势中获得完备，

所以万物没有不尊崇道、尊贵德的。

道的尊崇，

德的尊贵，

不需要谁来命令，而是万物自然的表现。

所以，万物在道中生化，

在德中积蕴，

道与德使万物成长、育养，

调节、制克

繁衍、呵护。

生成而不占有，

作为而不依仗，

抚育而不主宰，

便是精微而深远的德行。

第五十二章

① 母：根源。
② 没身：终身。
③ 兑：窍穴。
④ 勤：劳累。
⑤ 济：助成。
⑥ 袭：承袭。常：
永恒的自然规律。

天下有始，
以为天下母①。
既得其母，
以知其子；
既知其子，
复守其母。
没身不殆②。
塞其兑③，
闭其门，
终身不勤④。
开其兑，
济其事⑤，
终身不救。
见小曰明，
守柔曰强。
用其光，
复归其明。

无遗身殃，
是为袭常⑥。

译　解

一方天下的立世之本，
就是一方天下生成发展的根源。
既然得到天下生成发展的根源，
就能知道这方天下会产生怎样的臣民
百姓。
既然知道了这方天下臣民百姓的民风
民俗，
就应该复归根源，守护这方天下的立世
之本。
能够坚守立世之本，就终身不会有危险
祸患。
堵塞漏洞，
往来有度，
终身也不会劳累辛苦；
放任漏洞，
往来无度，
永远也不能制止危害。
看到事物的细微层面，称之为明达；
持守作为的屈曲通变，称之为强大。

用大道的光明来照亮自身的生存发展，
自身在生存发展中又趋向于道的光明。
在生存发展中，没有因为自己的疏失而
招致祸患，
便是承袭大道的光明与法则。

第五十三章

使我介然有知①，
行于大道，
唯施是畏。
大道甚夷②，
而人好径③。
朝甚除④，
田甚芜⑤，
仓甚虚⑥。
服文采⑦，
带利剑，
厌饮食⑧，
财货有余，
是谓盗夸⑨。
非道也哉！

① **介然**：坚定的样子。

② **夷**：平坦。

③ **径**：小路，捷径。

④ **朝**：朝廷。**除**：整洁。

⑤ **芜**：荒芜。

⑥ **虚**：空虚。

⑦ **服**：穿。**文采**：指有花纹的华美衣服。

⑧ **厌**：吃饱。

⑨ **盗夸**：相当于盗魁，即强盗头子。

译　解

让我坚定不移地了解大道，

行于大道，

唯有对大道的施行担心。

大道异常的平坦、平安，

而人们却因为贪婪与欲望的牵引，喜欢

追求捷径。

宫室异常地整洁，

田地异常地荒芜，

仓库异常地空虚。

穿着华美，

佩剑锋利，

饮食奢侈，

财货有余，

这种表现就像是盗魁一样。

不是大道的体现呀！

第五十四章

善建者不拔①，
善抱者不脱，
子孙以祭祀不辍②。
修之于身，
其德乃真；
修之于家，
其德乃余③；
修之于乡，
其德乃长；
修之于邦，
其德乃丰④；
修之于天下，
其德乃普⑤。
故以身观身，
以家观家，
以乡观乡，
以邦观邦⑥，
以天下观天下。

① 建：建立。
② 辍(chuò)：停止。
③ 余：有余。
④ 丰：大。
⑤ 普：普遍。
⑥ 邦：古代诸侯的封国。

吾何以知天下然哉？
以此。

译　解

善于建立大道，不会自我拔高；
善于持守德行，不会脱离整体；
只有建立大道、持守德行，
才能使一个邦国的文化与思想在时间的
长河里传承发展，
长久地获得子孙的祭祀与崇拜。
围绕着大道与德行：
修治于自身，自身的道德就会淳厚精诚；
修治于家族，家族的道德就会余荫丰足；
修治于乡里，乡里的道德就会长久深远；
修治于邦国，邦国的道德就会丰富兴盛；
修治于天下，天下的道德就会广大全面。
所以，以品德是否精诚淳厚来观察个体，
以道德是否余荫丰足来观察家族，
以道德是否长久深远来观察乡里，
以道德是否丰富兴盛来观察邦国，
以道德是否广大全面来观察天下。
我是怎样认识到天下的兴衰变化？
就是通过对大道与德行的观察。

第五十五章

含德之厚，
比于赤子①。
毒虫不螫②，
猛兽不据③，
攫鸟不搏④。
骨弱筋柔而握固⑤，
未知牝牡之合而朘作⑥，
精之至也⑦。
终日号而不嗄⑧，
和之至也。
知和曰常⑨，
知常曰明，
益生曰祥⑩，
心使气曰强。
物壮则老⑪，
谓之不道⑫，
不道早已⑬。

① **赤子**：初生的婴儿。
② **螫**（shì）：毒虫用尾部的刺来刺人。
③ **据**：猛兽用爪抓物。
④ **攫鸟**：用脚爪取物如鹰隼一类的鸟。**搏**：击打。
⑤ **握固**：握得牢固。
⑥ **牝牡之合**：指男女的交合。**朘**（zuī）**作**：生殖器勃起。朘，男孩的生殖器。
⑦ **精**：精气。
⑧ **号**：哭叫。**嗄**（shà）：嘶哑。
⑨ **常**：规律。
⑩ **祥**：吉祥。

116

⑪ 壮：强盛。

⑫ 不道：不遵循道的法则。

⑬ 已：完毕，即死亡。

译　解

宽厚包容这种德行的深厚，
类似于初生的婴儿。
因为能够包容自然的一切存在，而不与外物相争，所以面对自然，
不会被毒虫蜇伤，
不会被猛兽抓伤，
不会被攫鸟危害。
筋骨柔弱，却能够非常稳固地握住东西，
不懂男女交合，生殖器却能够坚硬地勃起，
代表着精气的充盈；
每天嚎哭却不会声音嘶哑，
代表着气血的和顺。
认识和谐称之为规律，
认识规律称之为明达，
利益生命称之为祥瑞，
内心能够主宰情绪称之为强大。
有的事物一旦强盛就会衰弱，
是因为没有遵循道的法则，
不遵循道的法则而行事，就会因为失去道的承载而过早地走向完结。

第五十六章

知者不言，
言者不知。
塞其兑①，
闭其门，
挫其锐②，
解其纷③，
和其光④，
同其尘⑤，
是谓玄同⑥。
故不可得而亲，
不可得而疏；
不可得而利，
不可得而害；
不可得而贵，
不可得而贱。
故为天下贵。

① **兑**：窍穴。
② **挫**：摧折，折断。
③ **解**：化解。**纷**：纠纷。
④ **和**：调和。
⑤ **同**：混。
⑥ **玄同**：玄妙齐同，即道的境界。

译 解

知"道"者,通过行为来践行大道。

说"道"者,止于言论而尚未明了道。

堵塞漏洞,

往来有度,

抑制锋芒,

化解纷争,

调和光芒,

混同世俗,

讲的虽然是不同角度,却是深远通达的同一道理。

要在对立中寻求平衡,而不是因为自我的主观感受而决断作为。

所以,不可以因为获得而与之亲密,

不可以因为获得而与之疏远,

不可以因为获得而赋予利益,

不可以因为获得而使之损害,

不可以因为获得而对其重视,

不可以因为获得而将其轻贱。

所以,深远通达才是天下的尊贵品德。

第五十七章

以正治国①，
以奇用兵②，
以无事取天下。
吾何以知其然哉？
以此：
天下多忌讳③，
而民弥贫④；
人多利器⑤，
国家滋昏⑥；
人多技巧，
奇物滋起；
法令滋彰⑦，
盗贼多有。
故圣人云：
我无为，
而民自化⑧；
我好静，

① 正：平正。
② 奇：出人意料的。
③ 忌讳：指禁令。
④ 弥：更加。
⑤ 利器：武器。
⑥ 滋：越，更加。
⑦ 彰：明白，显著。
⑧ 自化：自我化育。
⑨ 无欲：没有贪欲。

而民自正；
我无事，
而民自富；
我无欲^⑨，
而民自朴。

译　解

以公平公正的制度来管理国家，
以出人意料的战略来指挥军事，
以和平共生的秩序来治理天下。
我是怎么知道这些道理的呢？
因为如下原因：
天下的国家或族群，往往因为忌讳太多
而使人们自我封闭，因为自我封闭而无
法交流创新，因为无法交流创新而落后
贫瘠。
民众都把锋利的武器用来自我防卫，而
不是用来相互守卫，整个国家就会因为
缺乏人与人之间的协作与信任，而愈加
混乱。
民众都致力于追求技巧与捷径，就会忽
略基础能力的建设与积累，使自身丧失
长远发展的实力。因为贪恋短期的利益

与荣耀,从而导致标新立异的事物不断产生。

国家的法令太过繁杂,就会限制人们的思想与作为,从而导致人们在寻求自由与发展中,背弃繁杂的法令,沦为非法获得的盗贼。

所以,圣人对于治理者与民众的辩证关系是这样讲的:

治理者做到客观作为,

而民众将自行在彼此的依存中发生改变;

治理者喜欢平静安宁,

而民众将自行在相互的协作中获得公平;

治理者寻求和平秩序,

而民众将自行在稳定的秩序下得到富足;

治理者做到不贪妄欲,

而民众将自行在祥和的环境下淳厚质朴。

122

第五十八章

① 闷闷：愚昧、浑噩貌。此处为宽厚之意。
② 淳淳：淳厚质朴。
③ 察察：严密，苛酷。
④ 缺缺：狡诈貌。
⑤ 倚：倚附。
⑥ 伏：隐藏。
⑦ 无正：没有定准
⑧ 妖：邪恶。
⑨ 迷：迷惑。
⑩ 固：的确，确实。
⑪ 方：端方。割：割伤。
⑫ 肆：放肆。
⑬ 刿(guì)：刺伤。

其政闷闷①，
其民淳淳②；
其政察察③，
其民缺缺④。
祸兮，福之所倚⑤；
福兮，祸之所伏⑥。
孰知其极？
其无正也⑦。
正复为奇，
善复为妖⑧。
人之迷⑨，
其日固久⑩。
是以圣人方而不割⑪，
直而不肆⑫，
廉而不刿⑬，

光而不耀。

译　解

执政者宽厚仁爱，
邦国的政策就会秩序完善，
其治下的民众就会因为协作信任而
美好。
执政者多疑好察，
邦国的政策就会严厉苛刻，
其治下的民众就会因为相互伪诈而
寡信。
福瑞的表象，或许依附着灾祸；
灾祸的表象，或者隐藏着福瑞。
谁知道福祸最终的变化？
福与祸的转化是没有定准的。
标准的事物又成为异常的事物，
美好的事物又成为邪恶的事物。
人们的困惑，
确实已经时间很久了。
所以圣人处事端方，但不因为端方而伤
害他人；

作为正直，但不因为正直而纵恣冲犯；
自我廉洁，但不因为廉洁而棱角尖锐；
心性光明，但不因为光明而显扬炫耀。

第五十九章

治人事天，
莫若啬①。
夫唯啬，
是谓早服②，
早服谓之重积德③；
重积德则无不克④，
无不克则莫知其极⑤；
莫知其极，
可以有国⑥；
有国之母，
可以长久。
是谓深根固柢⑦，
长生久视之道⑧。

① 啬：爱惜，节省。
② 服：承担，担当。
③ 积德：积累德。
④ 克：战胜。
⑤ 极：最高点。
⑥ 有：拥有，保有。
⑦ 柢：树根，特指直根。
⑧ 长生久视：长久活着。

译　解

治理人事、侍奉上天的关键，
莫过于爱惜和节省。
只有对事物做到爱惜与节省，
才能较早地担当责任。
越早担当责任，
越能累积对客观规律的认知，
使自己更加贤明。
越是贤明的人，
遇到复杂的问题和状态，
越是能够胜任。
能够胜任复杂的问题和状态，
能力就可以随着场景的变化无限地发展。
能力可以无限发展的人，
就能拥有属于自我的一方天地。
保有一方天地的根本，
就是爱惜与节省，
才能在自然无常的变化中保持生存发展
的长久。
这就是基础牢固、不易动摇，
使人与事能够长寿不衰的大道。

第六十章

治大国，
若烹小鲜①。
以道莅天下②，
其鬼不神③；
非其鬼不神，
其神不伤人；
非其神不伤人，
圣人亦不伤人。
夫两不相伤，
故德交归焉④。

① **小鲜**：小鱼。
② **莅**：治理。
③ **神**：显示神力。
④ **交**：一齐，同时。

译 解

治理一个大的邦国，要做到的是使经济
文化、宗族群体、上下阶层、内治外交等
诸多因素的政策法则都恰当适度，就像
烹制美好的滋味，调味、火候、食材配比

等诸多因素的掌握都恰当适度一样。

用道的法则来治理天下，

天下的鬼魂就不会显示神力；

不是因为他们没有神力，

而是他们不会运用神力来伤害他人；

不是他们的神力不能够伤害他人，

是圣人也不会伤害他人。

圣人对天下的治理尺度恰当，

就不会导致人怨鬼怒，

阴阳上下都不会相互伤害，

所以，各自的德行就会交相合并，趋向

一处。

第六十一章

大邦者下流①。
天下之牝，
天下之交也。
牝常以静胜牡，
以静为下。
故大邦以下小邦②，
则取小邦；
小邦以下大邦，
则取大邦。
故或下以取，
或下而取。
大邦不过欲兼畜人③，
小邦不过欲入事人④。
夫两者各得所欲，
大者宜为下。

① **下流**：居于下流，即处于下游。
② **下**：谦下，谦卑。
③ **兼畜**：合并起来照顾。
④ **事**：侍奉。

译　解

在国与国之间，大邦要做到谦下。
就好像自然界的溪谷，
虽然处下，却是山涧雨露交合汇聚的
地方。
溪谷总是保持受纳状态，
才能够汇聚丘陵所赋予的雨露，
而溪谷正是以守静体现谦下。
所以大邦对待小邦，能够做到谦下，
就能取得小邦的归往；
小邦对待大邦能够做到谦下，
就能取得大邦的包容。
因此或者大邦谦下取得小邦的归往，
或者小邦谦下取得大邦的包容。
大邦不过是想要兼容小邦，
小邦不过是想要侍奉大邦。
两方都想要取得自身所求，
大的邦国要首先做到谦下。

第六十二章

道者，
万物之奥①。
善人之宝，
不善人之所保。
美言可以市尊②，
美行可以加人。
人之不善，
何弃之有？
故立天子，
置三公③，
虽有拱璧④，
以先驷马⑤，
不如坐进此道。
古之所以贵此道者何？
不曰求以得，有罪以免邪？
故为天下贵。

① 奥：奥妙。
② 市尊：获得尊敬。
③ 三公：周朝时设置三个辅弼国君的高官，即太师、太傅、太保。
④ 拱璧：大璧，极为贵重的礼物。
⑤ 驷马：四匹马驾的车。

译　解

大道，

蕴含着天地万物的奥妙。

是技艺、品德长于他人者最为珍贵的力

量源泉，

是技艺、品德不够优秀者获得抚育护卫

之所在。

美好的言论，可以在众人中获得敬重；

美好的行为，可以在作为中施及他人。

而对于技艺品德不够优秀的人，

为道者有什么厌弃的理由呢？

所以，设立天子治理邦国，

设置三公辅弼天子，

尽管已有代表礼治的玉璧，

却倚仗能够征伐的驷马，

不如坐下来进一步领会大道。

古人重视大道是为什么呢？

不是说所求可以得到，有过失与错误可

以豁免吗？

所以，大道才会被天下尊重。

第六十三章

为无为，
事无事^①，
味无味^②。
大小多少，
报怨以德^③。
图难，于其易，
为大，于其细。
天下难事，
必作于易；
天下大事，
必作于细。
是以圣人终不为大，
故能成其大。
夫轻诺必寡信^④，
多易必多难。
是以圣人犹难之^⑤，
故终无难矣。

① **前一个"事"**：作动词，做事。
② **前一个"味"**：作动词，玩味。
③ **报**：报答。**怨**：怨恨，仇恨。
④ **轻诺**：轻易许诺。**寡信**：少有信用。
⑤ **犹**：还。

译　解

作为力求客观，

治事不生灾祸，

赏味但求平淡。

面对事物，无论大小多少，

都以真诚回应怨恨。

做难事，从简单处出发；

做大事，从细节处出发。

天下的难事，必然从简单处开始；

天下的大事，必然从细节处开始。

所以圣人始终都不谋求做大事，

而是将简单之处与细节之处做好，

所以最终才成就大事。

不重视诺言的人，必然因为自己缺乏信
誉，而不容易获得他人的信任；

看问题简单的人，必然因为自己不够严
谨，而会遇到层出不穷的困难。

因此圣人尚且恭敬地对待每一件事，

所以才始终没有难事。

第六十四章

其安易持^①，
其未兆易谋^②，
其脆易泮^③，
其微易散。
为之于未有，
治之于未乱。
合抱之木，
生于毫末；
九层之台，
起于累土；
千里之行，
始于足下。
为者败之，
执者失之。
是以圣人无为，
故无败；
无执，

① 持：掌握。
② 未兆：没有征兆时。谋：谋划。
③ 泮(pàn)：消解。

故无失。
民之从事，
常于几成而败之。
慎终如始，
则无败事。
是以圣人欲不欲，
不贵难得之货；
学不学，
复众人之所过，
以辅万物之自然而不敢为。

译　解

事物处于平稳安定的时候，容易掌握；
事物处于尚未萌生的时候，容易谋划；
事物处于软弱的时候，容易消融；
事物处于微小的时候，容易凋落。
所以，作为就应该在事情还没有发展成
形的时候，
治理就应该在形势还没有发生危害的
时候。
合抱的大树，生成于每一点细微的成长；
九层的高台，兴建于每一捧泥沙的堆叠；
千里的路程，起始于每一次脚下的行进。

主观作为，容易失败；

执着操纵，容易失去。

所以圣人没有主观的作为，因此不会有
失败；

没有执着的操纵，因此不会有失去。

百姓做事，常常是将要接近成功而失败。

如果对待事物的发展变化，从开始到结
束都一样小心谨慎，

就不会有失败的事情。

所以，圣人对自己的要求，就是不要有贪
婪的欲望，

不重视难得稀有的货物；

对自己的教化，就是不要去盲目地效仿，
去重复众人所犯的过错；

以不贪婪、不盲目的状态，辅助万物客观
地发展，而不敢妄自作为。

第六十五章

① **贼**：祸害。
② **稽式**：法则，法式。
③ **反**：回归。
④ **大顺**：大治。

古之善为道者，
非以明民，
将以愚之。
民之难治，
以其智多。
故以智治国，
国之贼①；
不以智治国，
国之福。
知此两者亦稽式②。
常知稽式，
是谓玄德。
玄德深矣，远矣，
与物反矣③，
然后乃至大顺④。

译　解

过去善于以道作为者，

不是引领百姓追求显耀，

而是引领百姓追求淳朴。

百姓之所以难治，就是因为相互之间智谋太多，不够淳朴。

所以，用智谋机巧来治理国家，会因为不能使家国百姓之间协作信任，成为给国家带来危害的人；

而不以智谋机巧来治理国家，才会因为国家百姓之间能够协作信任，成为给国家带来幸福的人。

能够清楚地认知这两个方向的利害，便是知道了治理国家的准则。

能恒常地了解治理国家的准则，

便是透彻通达的品德。

透彻通达的品德，面对问题思虑周密而长远，

与万物共同在往复循行中找到协作共生的规律，

所以能把握事物的整体方面，而使事物在有序中获得大治。

第六十六章

① **百谷**：即百川，谓众多的河流。
② **下之**：处于低下地位。
③ **上民**：在民之上，即统治人民。
④ **先民**：在民之前，即领导人民。
⑤ **重**：沉重。
⑥ **害**：妨害。
⑦ **推**：推崇。**厌**：厌恶。

江海所以能为百谷王者①，
以其善下之②，
故能为百谷王。
是以圣人欲上民③，
必以言下之；
欲先民④，
必以身后之。
是以圣人处上而民不重⑤，
处前而民不害⑥。
是以天下乐推而不厌⑦。
以其不争，
故天下莫能与之争。

译　解

江海所以能成为百川之王，
是因为江海善于谦逊处下，

因为谦逊处下而广容、汇聚，

所以江海才成为百川之王。

所以，圣人想要在上治理百姓，

就要以恰当的言论体现谦逊处下；

圣人想要在前引领百姓，

就要以恰当的行为体现谦逊不争。

所以，圣人处于百姓之上，而百姓不认为
是负重；

处于百姓之先，而百姓不认为是妨碍。

天下都非常乐意推举这种治理态度与引
领方式，而不会感到憎恶。

正因为圣人谦逊处下、不争名位，

所以获得天下的推举，而没有谁能够与
之相争。

1
4
2

第六十七章

① **不肖**：不像（具
体的东西）。
② **细**：微小。
③ **持**：掌握。
④ **慈**：慈爱，宽厚。
⑤ **俭**：节俭。
⑥ **为天下先**：走在
天下人前面。
⑦ **广**：多。
⑧ **固**：牢固，稳固。

天下皆谓我道大，
似不肖①。
夫唯大，
故似不肖；
若肖，
久矣其细也夫②！
我有三宝，
持而保之③。
一曰慈④，
二曰俭⑤，
三曰不敢为天下先⑥。
慈故能勇，
俭故能广⑦，
不敢为天下先，
故能成器长。
今舍慈而勇，
舍俭而广，

舍后而先，
死矣！
夫慈，
以战则胜，
以守则固⑧。
天将救之，
以慈卫之。

译　解

天下人都说我讲的道太宏观，好像不够
具体。
正因为宏观，所以才不具体。
如果太过专注于具体的东西，就会把时
间与精力滞留于琐碎的事物。
我有三宝，一直保持并切实做到，
一个称之为慈爱，
一个称之为俭朴，
一个称之为不敢争先。
因为慈爱，所以能勇武无畏；
因为俭朴，所以能财货丰厚；
因为不敢争先，
所以能成器并且长久。
当今人们舍弃慈爱而盲目勇武，

舍弃俭朴而追求奢侈，

舍弃后进而冒进争先，

等于是脱离了道的根本，反而使自己走

向灭亡。

一个人心怀慈爱，

进行战斗就会取得胜利，

进行守卫就会达到稳固。

天道如果将要对谁给予帮助，

就会以慈爱来守卫他。

第六十八章

善为士者,不武^①;
善战者,不怒^②;
善胜敌者,不与^③;
善用人者,为之下。
是谓不争之德,
是谓用人之力,
是谓配天,古之极。

① **不武**:不逞勇武。
② **怒**:愤怒。
③ **不与**:不争。

译 解

善于为士的人,总是能够配合大局正确
地防守或进攻,而不是主观冒进地冲杀;
善于战斗的人,总是在战事中保持理性,
致力于正确的战略与战术,而不是因为
激进恚怒而随性进退;
善于超越对方的人,总是在时空场景中
找到自己适合的方向与位置,而不是在

对他人思想或道路的跟从中争进；

善于任用他人的人，总是在相互关系中

发现他人的优点与才华，并以谦逊处下

的态度兼收并蓄。

做到谦逊处下就是不争的品德，

就是善于运用他人的能力与智慧，

就是能够媲美上天与先辈的最高品德。

第六十九章

用兵有言：
"吾不敢为主而为客①，
不敢进寸而退尺。"
是谓行无行②，
攘无臂③，
扔无敌④，
执无兵⑤。
祸莫大于轻敌，
轻敌几丧吾宝⑥。
故抗兵相若⑦，
哀者胜矣⑧。

① **主**：主动进攻的一方。**客**：采取守势的一方。
② **行无行**：布阵就像没有布阵一样。
③ **攘**：举。
④ **扔**：拒。
⑤ **兵**：兵器。
⑥ **吾宝**：即第六十七章所言"三宝"：慈、俭、不敢为天下先。
⑦ **相若**：相当。
⑧ **哀者**：指有哀悯之心的一方。

译 解

用兵的人这样阐述用兵之道：
"在两军对抗中，我不敢作为主导，企图妄自进攻，而是作为客方，保持谦逊理性,等待恰当的时机;不敢贪求寸进,陷于挑衅消耗,而是退守尺地,看透局面战机,追求最终的胜利。"

这就是在战势的递进中,

布阵却不随意行进,

积极抵御却不激奋挑衅,

投掷牵拉却不仇视对抗,

掌握局面却不战死杀戮。

祸患莫过于忽视对手的能力,

忽视对手的能力,

就会放大自己的力量,

从而形成思维与行为的迷惑、战略与战术的盲动,

使自己容易陷入贪求、狂妄、执着、杀戮的处境,

几近于丢掉了为道者最珍贵的慈、俭、不敢为天下先这"三宝"。

所以,当相匹敌的军事力量对抗时,

具有哀悯心的一方,不会肆意进攻,会因为能始终保持平静与理性,而获得最终的胜利。

第七十章

吾言甚易知，
甚易行。
天下莫能知，
莫能行。
言有宗①，
事有君②。
夫唯无知，
是以不我知③。
知我者希，
则我者贵④，
是以圣人被褐而怀玉⑤。

① 宗：宗旨，主旨。
② 君：根本，根据。
③ 是以：所以。不我知：不知我。
④ 则：取法。
⑤ 被褐：穿着粗布衣服。怀玉：怀揣着美玉。

译　解

圣人的言论特别容易理解，
特别容易施行。
天下人却没有谁能够理解，

没有谁能施行。

言论有主旨，

事物有主宰。

人们因为对于言论的主旨与事物的主宰，都不能理解认知，

才会对圣人客观、朴素的见解也不能够理解认知。

正因为理解认知的人少，

能够理解认知的人才值得重视，

因此，圣人外在朴素而内在高贵。

第七十一章

知不知，
尚矣①；
不知知，
病也②。
夫唯病病③，
是以不病。
圣人不病，
以其病病。

① **尚**：崇尚，推崇。
② **病**：毛病，缺点。
③ **病病**：把病当作病。第一个"病"作动词。

译　解

知道自己有所不知，
是应该崇尚的品质；
不知道而自以为知，
是应该责备的缺点。
只有不断地发现弊端与缺点，

才不会再有弊端与缺点。

圣人之所以拥有近乎完美的品质，

就是因为不断地自我发现弊端与缺点。

民不畏威①，
则大威至②。
无狎其所居③，
无厌其所生④。
夫唯不厌⑤，
是以不厌⑥。
是以圣人自知不自见⑦，
自爱不自贵⑧。
故去彼取此。

① 威：威胁。
② 大威：大的威
胁、祸乱。
③ 狎：通"狭"。
④⑤ 厌：压制。
⑥ 厌：厌恶。
⑦ 见：同"现"，表
现。
⑧ 贵：高贵。

译　解

当邦国的民众不再畏惧刑罚，
则邦国就会有大的恐惧到来。
不轻慢百姓的居所，
不嫌恶百姓的生计。
只有在上者对百姓首先做到不嫌恶，

百姓才能对在上者也做到不嫌恶。

所以圣人认识自我的功用而不彰显，

爱护自我的声誉而不自以为尊贵。

因此，面对相互关系时，

选择自知、自爱，

而不是自见、自贵，

以达到互不嫌恶，和谐共生。

第七十三章

勇于敢则杀[1]，
勇于不敢则活。
此两者，
或利或害[2]。
天之所恶，
孰知其故？
是以圣人犹难之[3]。
天之道，
不争而善胜，
不言而善应[4]，
不召而自来，
坦然而善谋[5]。
天网恢恢[6]，
疏而不失。

[1] 杀：死。
[2] 或：有的。
[3] 难之：谓难知其故。
[4] 应：回应。
[5] 谋：谋划。
[6] 恢恢：广大，宽大。

译　解

勇于敢,则容易因为冒进作为而失去
生命;

勇于不敢,则容易因为理性作为而保全
生命。

冒进与理性两个不同的作为态度,

带来利害两种完全不同的结果。

上天对勇于敢的厌恶,

谁知道其中的缘故?

圣人对于这个问题也感到为难。

自然的大道,

不争斗而在能力的完善中获胜,

不言说而在作为的完善中回应,

不用召唤而自行在万物的需求中出现,

平静坦然而善于在事物的难易中筹划。

自然的大道恢弘博大,

开通而没有遗失。

第七十四章

民不畏死，
奈何以死惧之？
若使民常畏死，
而为奇者①，
吾得执而杀之，
孰敢？
常有司杀者杀②。
夫代司杀者杀③，
是谓代大匠斫④。
夫代大匠斫者，
稀有不伤其手矣。

① 奇：奇诡，邪恶。
② 司杀者：执掌刑杀的人。
③ 代：代替。
④ 斫(zhuó)：用刀斧等砍。

译　解

民众不畏惧死亡，
怎么办，以死亡来恐吓他们吗？
如果想要民众总是畏惧死亡，

而作为异乎寻常的人，

我就采取将其拘系杀死，

谁敢这么做？

平常有司掌刑杀的官员来实施刑杀。

代替司掌刑杀的官员去伤害生命，

就像是代替木工去砍斫。

代替木工去砍斫者，

少有不伤害到自己手的。

第七十五章

民之饥，
以其上食税之多①，
是以饥。
民之难治，
以其上之有为，
是以难治。
民之轻死②，
以其上求生之厚③，
是以轻死。
夫唯无以生为者④，
是贤于贵生⑤。

① 食税：享用的赋税。
② 轻死：看轻死亡，即不怕死。
③ 厚：丰厚。
④ 无以生为：指不把生命看得很重。
⑤ 贤：胜过，超过。
贵生：过分看重生命。

译　解

民众饥饿的原因，
是因为君主享用的赋税太多，
而没有取之于民，用之于民，

所以民众会饥饿。

民众难治的原因，

是因为君主欲望太多而肆意妄为，

没有以身为教，淳朴淡泊，

所以民众会难治。

民众不重视生命的原因，

是因为君主生活得太过奢华，

而没有爱惜民众，注重民生，

所以民众会对生命不重视。

只有不以追求自己生活奢华而作为的

君主，

才能胜过重视自己生活奢华的君主。

第七十六章

人之生也柔弱①，
其死也坚强②；
草木之生也柔脆，
其死也枯槁。
故坚强者死之徒③，
柔弱者生之徒。
是以兵强则灭④，
木强则折⑤。
强大处下，
柔弱处上。

① **柔弱**：柔软。
② **坚强**：僵硬。
③ **徒**：类，同类。
④ **灭**：灭亡。
⑤ **折**：折断。

译 解

人处于有生命状态的时候是柔弱的，
人处于死亡状态的时候是僵硬的；
草木处于有生命的状态时是柔弱的，
草木处于死亡状态时是枯槁的。

固执强硬者是消亡之类，

屈曲柔弱者是生存之类。

所以，兵力强大者容易遭到毁灭，

树木强硬者容易遭受摧折。

无论人还是草木，

强大的一面处下，才能够根深蒂固；

柔弱的一面处上，才能够平和不争。

第七十七章

天之道，
其犹张弓与^①？
高者抑之，
下者举之^②，
有余者损之^③，
不足者补之。
天之道，损有余而补不足；
人之道则不然，
损不足以奉有余^④。
孰能有余以奉天下？
唯有道者。
是以圣人为而不恃，
功成而不处^⑤，
其不欲见贤^⑥。

① 与：语气词，表示疑问。
② 抑：压低。
③ 损：减少。
④ 奉：供给。
⑤ 处：居，即占有、享有。
⑥ 见：同"现"，表现。

译　解

天之道，

就像拉弓一样，

面对目标不断调整弓弦的尺度，

太高了就压低一些，太低了就抬高一些，

有余了就减损一些，不足了就补充一些，

以达到利益天下、协作共生的目的。

天之道，就是减损有余、补充不足的整体
思维；

人之道则不同于天之道，

而是剥夺本来就不足的，

奉养已经有余的。

谁能将自我有余部分拿出来奉养天下？

只有有道的人才能做到。

所以圣人作为而不倚仗，

功成而不自居。

因为圣人只是以道作为，

而不是为了要彰显才德。

第七十八章

天下莫柔弱于水，
而攻坚强者莫之能胜，
以其无以易之^①。
弱之胜强，
柔之胜刚，
天下莫不知，
莫能行。
是以圣人云：
"受国之垢^②，是为社稷主^③；
受国不祥，是为天下王。"
正言若反。

① **易**：代替，取代。
② **垢**：屈辱。
③ **社稷**：指国家。

译 解

天下没有什么能够像水一样柔弱了，
而攻克坚硬强大的能力，
却没有什么能够超越它，

这是因为没有什么东西能够取代水的
作用。
弱者超越强者的道理，
柔顺超越刚勇的道理，
天下没有谁不知道，
但几乎没有谁能做到。
所以圣人说：
"只有能够容受污垢灾殃的一面，并在自
己的治理教化之下，使之完善美好，才是
天下的君主、社稷的君王。"
真实的话讲的是事物本质的客观辩证
关系，
对于看问题止于表象的人来讲，
真实的话就像是颠倒了一样。

第七十九章

和大怨①，
必有余怨②，
安可以为善③？
是以圣人执左契④，
而不责于人⑤。
有德司契⑥，
无德司彻⑦。
天道无亲，
常与善人。

译　解

协调大的愠怒，
即便争端得以化解，
也必然会留有怨恨，
怎样才能处理得更加完善呢？
因此，圣人拿着契约来明确责任、风险和

① 和：调和，调解。
② 余怨：余留的怨
恨。
③ 安：怎么。
④ 左契：契，用竹
木制成，中间刻横
画，两边刻相同的
契约文字，然后劈
为两片，左片即左
契，刻负债人姓名；
右片即右契，刻债
权人姓名。履行契
约时，即以左右两
契相合为凭据。
⑤ 责：索取。
⑥ 司契：掌握债据
的人。
⑦ 司彻：掌管税收
的人。彻，周朝制
定的农民按收成交
租的税收制度。

定位，

而不是因为相互的责任不明而责难

于人。

有德的人执掌契约，

无德的人销毁证据。

天道没有特别亲近谁，

却会恒常地帮助那些处理问题能够更完

善的人。

第八十章

小国寡民，
使有什伯之器而不用①，
使民重死而不远徙②。
虽有舟舆③，
无所乘之；
虽有甲兵④，
无所陈之。
使民复结绳而用之⑤。
甘其食，
美其服，
安其居，
乐其俗。
邻国相望，
鸡犬之声相闻，
民至老死，不相往来。

① **什伯之器**：能统率十人或百人的统兵人才。什，十人；伯，百人。

② **徙**：迁移，搬家。

③ **舟舆**：船和车。

④ **甲兵**：铠甲和兵器。

⑤ **复**：再。**结绳**：远古时期没有文字，以打绳结来记事。

译　解

大与小的分别，在于一个人的心见，

多与寡的区别，在于一个人的欲念。

面对邦国的领地与民众，

不追求大的领土，不贪恋多的民众，

才能使君主做到有领兵的人才，

也不用征伐的方式扩大疆域，

使民众珍惜生命，敬畏死亡，

而不迁徙远行。

虽然有车船，却没有理由使人乘坐迁徙

远行；

虽然有甲兵，却没有战争使之列队征伐

杀戮。

使民众回归到遵守契约、协作共生的治

理状态中。

使民众饮食美味，

穿戴美好，

居所安定，

风习恬乐。

邦国之间和谐共生，

边界之间没有对峙冲突，

邻国之间互相拜访问候，

互相听闻鸡鸣犬吠，
而民众直至年老寿终，
也不愿意去往别的邦国，
或者从别的邦国迁徙而来。

第八十一章

① **信言**：诚实的话，真话。
② **积**：积聚。
③ **既**：全，都。**为人**：帮助别人。
④ **利而不害**：利物而不害物。

信言不美①，
美言不信。
善者不辩，
辩者不善。
知者不博，
博者不知。
圣人不积②，
既以为人己愈有③，
既以与人己愈多。
天之道，利而不害④；
圣人之道，为而不争。

译　解

真实的言语不会使用华美的辞藻，
华美的辞藻不能表达真实的消息。
完善作为的人不会为瑕疵而辩驳，

为瑕疵而辩驳的人作为无法完善。

能够认识大道的人不会彰显博闻，

彰显博闻的人不会真正认识大道。

圣人不会因为贪欲而积聚财物，

既以财物帮助、辅佐民众，自己将拥有

更多；

既以财物给予、支持民众，自己将获得

更多。

天之道，利益天下而不妨害天下；

圣人之道，辅佐万物而不争名逐利。

后 记

　　真正开始研读《道德经》大约是 2005 年或者 2006 年的事。有一天和章皖通话，不记得当时他提起了《道德经》中的哪章哪句，由此而开启了我们共同研读《道德经》的历程。

　　对于《道德经》，我们从喜欢词句的优美，到喜欢哲理的深邃。从对章句浅显的理解，到对思想立体的解构，越是不断研读，越是沉浸其中。于是有了 2007 年我们对《道德经》注释的第一稿，之后又因为进一步的理解，有了第二稿、第三稿……不断理解，又不断推翻，一直到当下成稿。十几年来，几乎每天都会通过电话的方式，交流各自的理解，单是我发给章皖关于《道德经》注释的邮件就有近六百封。

　　为了打破思维的狭隘，能从更高的视角、更宽的视野来理解《道德经》，我们也借鉴了大量的书籍与资料。

　　我们从《遥远的救世主》（豆豆著，作家出版社 2005 年版）中，找到了对"道"的理解。

　　从《天幕红尘》（豆豆著，作家出版社 2013 年版）中，找到了对"非常道"的理解。

　　从《理想国》（柏拉图著，郭斌和、张竹明译，商务印书馆

1986 年版)中,找到了对"美"与"善"的理解。

从《塔木德》(赛妮亚编译,云南人民出版社 2006 年版)"可以将小麦交给佃户做种子,但做种子的小麦不可食用"二语中,找到了对"谷神不死"的理解。

从《中国通史》(邹博著,大众文艺出版社 2009 年版)与出国旅行中,找到了对"小国寡民,……邻国相望,鸡犬之声相闻,民至老死不相往来"的理解。

从 BBC 纪录片《地球的故事》(*Earth Story*)中,找到了对"天地所以能长且久者,以其不自生,故能长生"的理解。

以"和大怨,必有余怨,……是以圣人执左契",告诉人们注重契约精神,才能使不同个体与群体相互之间达到真正和谐。

以"大邦者下流",告诉人们要处下才能聚合,聚合才能广大。

以"上善若水",告诉人们要像水一样利泽万物,完善自我的行为心态,而不会因为与外物相争,为自己惹来罪过怨尤。

以"无为而无不为",告诉人们要做到摒弃主观人为,才能借助自然力量而无所不能为。

以"执大象,天下往",告诉人们做事要把握宏观趋势,才会得到天下的归往。

以"天长地久,天地所以能长且久者,以其不自生,故能长生",告诉人们一切万物都是一个整体,只有保持这个整体的活力、平衡,才能达到真正的长久。

中国文化博大精深、源远流长,《道德经》以"道"与"名"展开立论,以"美"与"善"作为核心,通篇以自然法则引喻"不争"、"守雌"、"归朴"、"下流"、"执契"、"(广)容"、"上善"、"玄牝"、

"不学"、"不言"、"不敢"、"得一"、"大象"、"无为"、"无事"、"无味"、"恬淡"等见道立德的智慧。从家国发展、战略军事、益生养命、德行修为等不同角度,广泛而全面地论述了如何通过见道与立德,走向美好与完善。无论是对个体或是群体,邦国或是天下,得志或是失意,为学或是为道,都有着积极的指导意义。

从韩国李昌镐的《不得贪胜》([韩]李昌镐著,化学工业出版社 2012 年版)中,找到了对"善胜者不战"的理解。

从美国维茨金的《学习的艺术》([美]乔希·维茨金著,苏鸿雁、谢京秀译,中国青年出版社 2008 年版)中,找到了对"为学日益,为道日损"的理解。

从《周易·系辞传》中,找到了对"天"与"地"的理解。

从吴晓波先生《激荡三十年》(曾捷导演,2012 年版)邓小平先生和福田康夫首相的拥抱中,找到了对"大邦者下流"的理解。

从《大国治理》(人民论坛编,中国经济出版社 2014 年版)中,找到了对"治大国若烹小鲜"的理解,以及对"和大怨,必有余怨,……是以圣人执左契"的理解。

我们借鉴学习的资料还有:《中国古代哲学家老子及其学说》(杨兴顺著,科学出版社 1957 年版)、《汉字源流字典》(谷衍奎编著,语文出版社 2008 年版)、《论中国》(亨利·基辛格著,中信出版社 2012 年版)、《李光耀论中国与世界》(李光耀著,中信出版社 2013 年版)、《三井帝国在行动》(白益民著,中国经济出版社 2008 年版)、《曾经德隆》(王世渝著,新华出版社 2008

年版)、《大众天文学》(〔法〕C. 弗拉马里翁著,李珩译,广西师范大学出版社 2003 年版)、《人格之境》(余潇枫、张彦著,浙江大学出版社 2006 年版)、《伟大作品的隐秘结构》(余秋雨著,中国出版集团现代出版社 2012 年版)、《凤凰路》(陈远忠、涂俏导演,2012 年版)、《论道》(金岳霖著,中国人民大学出版社 2010 年版)、《系统科学》(许国志主编,上海科技教育出版社 2000 年版)等。

随着对《道德经》的理解逐渐深入,我们看到,老子以"玄之又玄,众妙之门",告诉人们只有对事物的观察认识高远、透彻、精深,才能找到精微,找到通向美好的途径方法。

以"不尚贤",告诉人们不要盲目效仿,要发展自我。

以"谷神不死",告诉人们要固守根本,延续生化。

能够将我们有限的理解缀合成文,出版成书,将我们的感受分享给更多喜爱《道德经》的同好,我们感到非常幸福。也希望能由此得到各界人士的指正与补充,使得《道德经》的伟大思想光照久远。

郭吉飞

2018 年 8 月

图书在版编目(CIP)数据

道德经译解/郭吉飞,章皖著. —上海:华东师范大学出版社,2018

ISBN 978 - 7 - 5675 - 8116 - 6

Ⅰ.①道… Ⅱ.①郭…②章… Ⅲ.①道家②《道德经》—译文③《道德经》—注释 Ⅳ.①B223.1

中国版本图书馆 CIP 数据核字(2018)第 249261 号

道德经译解

著　　者　郭吉飞　章　皖
策划编辑　张俊玲
项目编辑　袁梦清
审读编辑　袁啸波
责任校对　孙祖安
装帧设计　何　旸

出版发行　华东师范大学出版社
社　　址　上海市中山北路 3663 号　邮编 200062
网　　址　www.ecnupress.com.cn
电　　话　021 - 60821666　行政传真 021 - 62572105
客服电话　021 - 62865537　门市(邮购)电话 021 - 62869887
地　　址　上海市中山北路 3663 号华东师范大学校内先锋路口
网　　店　http://hdsdcbs.tmall.com

印 刷 者　上海盛通时代印刷有限公司
开　　本　890×1240　32 开
印　　张　6
字　　数　102 千字
版　　次　2018 年 12 月第 1 版
印　　次　2018 年 12 月第 1 次
书　　号　ISBN 978 - 7 - 5675 - 8116 - 6/I · 1923
定　　价　48.00 元

出 版 人　王　焰